JN110729

そのまま使える！

ケアプランの
書き方&文例

produced by U-CAN Learning Publications

この本の使い方

本書は、ケアプランの基本の書き方やケアプラン作成に役立つ**アセスメントのポイント**と**課題抽出例、ニーズ**から導き出す**長期目標、短期目標、サービス内容**などの具体的な文例を多数収載した1冊です。

第1章　ケアプランの基本

ケアマネジャーが書く書類の概要、ケアプランをたてる際の流れや効率のよいまとめ方がわかります。
第1表から第7表まで、具体的な書き方とポイントをまとめました。

第2章　アセスメントと課題抽出例

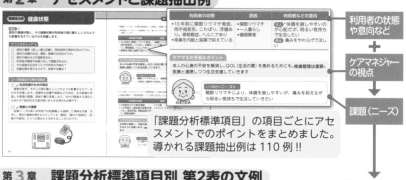

利用者の状態や意向など

＋

ケアマネジャーの視点

↓

課題（ニーズ）

「課題分析標準項目」の項目ごとにアセスメントでのポイントをまとめました。導かれる課題抽出例は110例!!

第3章　課題分析標準項目別 第2表の文例

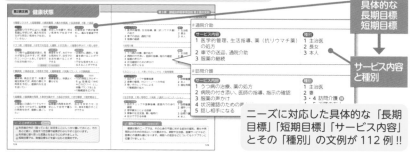

↓

具体的な長期目標短期目標

↓

サービス内容と種別

ニーズに対応した具体的な「長期目標」「短期目標」「サービス内容」とその「種別」の文例が112例!!

第4章　疾患別 第2表の文例

疾患の特徴や症状に配慮しながら作成する
第2表の文例をあげました。9疾患36例‼

♂ **援助のKey** では、ケアプランをたてるうえ
で、知っておきたいポイントがわかります。

押さえておきたい各疾患の特徴などを簡潔にま
とめました。

第5章　第1表の文例

利用者および家族の生活に対する意向を踏まえた課題分析の結果	本人 デイサービスで運動やゲームなどをして楽しく過ごしたい。 家族 家では動く範囲が限られるが、現状維持しながら暮らせればよい。もの忘れの予防や歩行が維持できるよう援助してほしい。
総合的な援助の方針	血圧をときどき測定し、薬の飲み忘れがないよう関係者で援助していきます。デイサービスにより、安全見守りの中での入浴援助、軽い運動や社会交流の支援をし、ADL低下を予防します。ご家族の負担を減らしながら、○○様が生きがいもって楽しく暮らせるよう支援していきます。

「利用者および家族の生活に対する意向」、
「総合的な援助の方針」のまとめ方が20例‼

第6章　介護予防ケアプランの書き方

地域包括支援センターと連
携して行う「介護予防ケア
マネジメント」の流れと書
類の概要をつかみます。さ
らに事例を用い、介護予防
サービス・支援計画書など
について具体的な書き方の
ポイントをまとめました。

第7章　事例集

要介護度別の事例に基づいて第1表、第2表、第
3表を作成しました。目標のまとめ方、サービス
へのつなげ方などを確認できます。

軽度〈要介護1〉、中度〈要介護3〉、重度〈要
介護5〉の3事例を掲載しています。

本書は『介護職従事者必携！介護の現場で役立つ　ケア
プラン書き方ハンドブック』を改訂増補したものです。

目次
Contents

課題分析標準項目

健康状態
ADL
IADL
認知
問題行動
コミュニケーション
能力
社会とのかかわり
排尿・排便
褥瘡・皮膚の問題
口腔衛生
食事摂取
介護力
居住環境
特別な状況

文例対象疾患名

生活不活発病／高血
圧症／脳血管障害／
認知症／パーキンソ
ン病／うつ病／糖尿
病／慢性閉塞性肺疾
患／在宅医療管理

第5章 第1表の文例

第6章 介護予防ケアプランの書き方

第7章 事例集

この本の監修者・執筆者

●白井幸久 　【監修】
　　群馬医療福祉大学短期大学部医療福祉学科教授
●関口喜久代 　【執筆】
　　群馬医療福祉大学短期大学部医療福祉学科教授
●片桐幸司 　【執筆】
　　群馬医療福祉大学短期大学部医療福祉学科教授

第 **1** 章

ケアプラン の基本

- ■ ケアマネジャーとケアプラン
- ■ ケアプランの種類
- ■ ケアプランができるまで
- ■ ケアプランのまとめ方
- ■ ケアプランの基本ルールと書き方

第1表／第2表／第3表／第4表／第5表／第6表／第7表

ケアマネジャーとケアプラン

1 ≫ ケアマネジャーとは

ケアマネジャー（介護支援専門員）は、介護保険制度において、**ケアマネジメント**（介護支援サービス）を行う専門職です。

ケアマネジメントとは、支援が必要な人のニーズと社会資源を効果的に結びつけ、総合的・効率的・一体的にサービスを提供できるようにする支援の展開方法です。

具体的には、介護を必要とする**要介護者等**からの**相談**に応じ、その**心身の状況**に応じた適切な介護保険サービスが利用できるように、市町村や介護サービス事業者などとの**連絡や調整**を行い、要介護者等が**自立した日常生活**を送るために必要な援助を行います。

2 ≫ ケアマネジャーに求められるスキル

ケアマネジャーに求められるスキルはさまざまですが、他職種と**協働**する能力、**対人援助**の技術（コミュニケーション能力を含む）は必要です。特に、利用者への援助では、本人の心身の状況を適切に把握・分析し、本人の思いや家族の意向、両者の関係性などを洞察したりする力、つまり、「声にならない声」（真のニーズ）をとらえて**受容・共感できる力量**が必要とされます。「**この人でよかった！**」と信頼されるケアマネジャーになるためには、本人やその家族の「**思い**」を受け止めることのできる度量と知識、そしてスキルを高める努力が何より重要となります。

3 ≫ ケアプランの目的

　ケアマネジャーがケアマネジメントを行ううえでの大きな目標は、利用者の**自立支援**です。介護を必要とする人が、**自分の意思**に基づき、**自立した自分らしい生活、生活の質（QOL）の高い生活**が送れるように、支援していきます。

　そして自立支援を念頭に、利用者の**ニーズ**を実現するための「**道標**」となるのが**ケアプラン**です。

　ケアプランには介護を必要とする人への支援の目的や方向性、サービスの内容などが記載され、このケアプランに沿ってサービスが提供されます。また一定期間のうちに、利用者の状況やサービス提供状況に応じて内容が見直され、常に最適な計画に更新されます。

4 ≫ ケアプランの役割

　利用者が介護保険のサービスを現物給付 * で利用するには、そのサービスが**ケアプランに位置づけられている**ことが条件のひとつとなっています（例外もあり）。

* 原則1割負担。収入により2割または3割負担となる。

　ケアプランはサービスの進行状況や質の管理などをする大切な書類でもあり、利用者のほかサービスにかかわるチーム全体がその情報を共有します。このため、だれもが理解できる、わかりやすいものとする必要があります。

☑チェック ✦

ケアプラン記載の注意
- ☐　簡潔かつ的確に作成されていること
- ☐　だれもがわかりやすく、理解できる内容であること

ケアプランの種類

1 >>> ケアマネジャーが書く書類

居宅介護支援事業所のケアマネジャーは、居宅の要介護者へのケアマネジメント（居宅介護支援）を実施する過程において、下記の書類を書くことが義務づけられています。

ケアプランを作成するための課題を整理する書類

❶ アセスメントシート（課題分析表）
厚生労働省の示す課題分析標準項目の内容が含まれていれば、どのような書式を使ってもかまいません。

ケアプランとなる書類

❷ 第1表（居宅サービス計画書(1)）
利用者の基本的な情報のほか、「利用者及び家族の生活に対する意向を踏まえた課題分析の結果」、「総合的な援助の方針」など支援計画の全体的な方向性（方針）を記載します。

❸ 第2表（居宅サービス計画書(2)）
利用者のニーズ、目標、援助内容などを記載する、ケアプランの中核となる書類です。

❹ 第3表（週間サービス計画表）
週単位の介護サービスと利用者の主な日常生活上の活動を記載します。利用者の生活に介護サービスがどのようにかかわっているのかがわかります。

※本書では、要介護者へのケアプラン様式について解説しています

❺ 第6表（サービス利用票）

1か月に提供される介護サービスの月間スケジュールなどを記載します。

❻ 第7表（サービス利用票別表）

事業所ごとに、サービス内容、利用者負担額などを記載します。本人とその家族にとっては「料金の明細書」のような意味もあります。

ケアプラン作成に関連した業務を記録する書類

❼ 第4表（サービス担当者会議の要点）

ケアプランの内容を検討する「サービス担当者会議」での検討項目や結論などの要点を記載します。

❽ 第5表（居宅介護支援経過）

利用者からの相談内容、事業者との連絡内容や調整事項、モニタリングの結果などを時系列で記録します。

2 ≫ 利用者への説明・同意・交付が必要になる書類

❷〜❻（第1表〜第3表、第6表、第7表）を一般にケアプランといい、利用者・家族への説明・同意、利用者および事業者への交付が必要です。また、第6表、第7表については、事業者には、同じ内容のサービス提供票、サービス提供票別表を作成し交付します。

ケアプランができるまで

■ ケアプラン作成の流れと業務

インテーク ……… ◎相談面接や利用者との契約を行う

アセスメント ……… ★アセスメント（課題分析）は、利用者の居宅で、利用者および家族と面接して行う

◎課題分析標準項目（23項目）すべての情報を集める

ケアプラン原案の作成・提示

サービス担当者会議 ……… ★ケアプラン（居宅サービス計画）新規作成時、変更時のほか、利用者の更新認定、区分変更認定時にも原則として開催する。やむを得ない理由※がある場合は、担当者に対する照会などにより意見を求める

※やむを得ない理由とは…
　どうしても日程調整がつかない、ケアプラン変更時の軽微な変更など

ケアプラン原案の修正・説明・同意 ……… ★ケアプランの原案の内容は、利用者・家族に説明し、利用者から文書による同意を得る

ケアプランの交付 ……… ★ケアプランは、利用者および担当者に交付する

モニタリング ……… ★原則としてケアプラン作成後、少なくとも月に1回は利用者の居宅を訪問して面接し、少なくとも月に1回はモニタリングの結果を記録する

◎モニタリングをできない「特段の事情」は利用者の理由によるものにかぎる。その場合は、第5表にその理由を記載

ケアプランを変更する場合は…

★は、守っていないと運営基準減算の対象です

※運営基準減算は居宅介護支援のみ

ここで、左の図の「インテーク」から「モニタリング」までの一連の流れを、モデル事例で具体的に見ていきましょう。

❶≫≫ **インテーク〜利用者からの相談、初回訪問〜**

3月14日に、居宅介護支援事業所のケアマネジャー、花山さんのところに、山田梅子さんという女性から、「骨折で入院して、今は退院したが、持病の糖尿病と腰痛もあり、思うように動けない。一人暮らしで困っているのでサービスを利用したい」という電話が入りました。山田さんは主治医の勧めで介護保険の認定申請をし「要介護1」と認定されています。2日後に訪問の約束をしました。

16日、花山さんは、山田さんの家を訪ねました。玄関先でまず身分証明書を提示して、「お電話でお話をしました花山です」と自己紹介をしました。花山さんは、山田さんが話しやすい雰囲気をつくり、困っていることなどを傾聴しました。

週末の18日に、他県に住む山田さんの長女・栄子さんにも同席してもらって、アセスメントと契約を行うことになりました。念のため、栄子さんの連絡先も教えてもらいました。

☑チェック ✦

契約・アセスメント時に準備しておきたい書類
- ☐ 居宅介護支援契約書
- ☐ 重要事項説明書
- ☐ 個人情報使用同意書
- ☐ アセスメントシート

---

❷≫≫ **アセスメント**

週末、山田さんの長女・栄子さんも同席して、あらためて山田さんの心身の健康状態、ADL、介護者の状況、住まいの状況など

ケアプランができるまで

（**課題分析標準項目**に沿った内容）について詳しく話を聴きました。花山さんは、事業所の**アセスメントシート**を使って、情報を整理し、山田さんのニーズを把握していきました。

　そして最後に、花山さんは、自分が山田さんのケアマネジャーとして居宅介護支援していくことについて同意を得、重要事項を説明したうえで、所属する居宅介護支援事業者との「**契約書**」と「**重要事項説明書**」、「**個人情報使用同意書**」に署名・捺印をもらいました。また、届出に必要な介護保険の「**被保険者証**」もあずかりました。

💡 ワンポイントアドバイス

居宅サービス計画作成依頼届出書

　正式に居宅介護支援を依頼されたケアマネジャーは、「**居宅サービス計画作成依頼届出書**」を起票し、利用者の介護保険の被保険者証と一緒に保険者に提出します。被保険者証は、居宅介護支援事業所名が印字された形で、後日保険者より事業所に返送されます。

3 ≫ ケアプラン原案の作成

　アセスメントの結果をもとに、**ケアプラン**（第1表〜第3表、第6表、第7表）原案を作成します。

　花山さんは、右のとおり、山田さんのニーズに対応した目標（長期目標、短期目標）とサービス内容をケアプランに位置づけました。

■ 山田さん・家族の意向を踏まえた課題分析の結果

（山田さん）この家で一人暮らしが続けられるよう、筋力低下しないように少しでも動いて、できることを増やしていきたい。お風呂は娘が来るときにしか入れないので支援してほしい。また、気持ちがふさぎがちなので、外に出て商店街で買い物をしたり、自然の中を

歩きたい。

（長女）寝たきりにならないように筋力を維持してほしい。また、母は、父を亡くしてから落ち込みがちなので、外に出て明るい気持ちで過ごせるように、サポートをお願いしたい。私も平日は難しいが、できるかぎりサポートしたい。

■ 山田さんのニーズ（生活課題）

1 筋力を維持し、自分でできる家事を増やして安心して暮らしたい。
2 安全に入浴して、日々を快適に清潔に過ごしたい。
3 疾病の管理をして、病気が悪くならないようにしたい。
4 閉じこもりがちなので、外に出て、明るい気持ちで生活したい。

■ 山田さんに位置づけたサービス

1 必要に応じた家事支援（訪問介護）、機能訓練による身体機能の維持（通所介護）
2 入浴介助、洗身一部介助、着替えの一部介助（通所介護）
3 身体状況についての相談支援、服薬の処方、疾病管理（医療機関）、通院介助（家族）
4 歩行器の貸与（福祉用具貸与）、買い物同行（訪問介護）

💡 ワンポイントアドバイス

ニーズ（生活課題）

　山田さんが自立した生活を送るうえで、支障となっていることは何か、そしてその支障となっていることを解決する目標や結果は何かを探ります。これをあわせたものが、ニーズとなります。

ケアプランができるまで

☑チェック ✦✦

サービス担当者会議の前にすること
- □ ケアプランに位置づけたサービスの提供事業者を探す（初回）
- □ サービス担当者会議の日時を調整
- □ 会議に出られない担当者に意見聴取

4 ≫ サービス担当者会議の開催

　25日に山田さんの自宅で、山田さんと長女・栄子さんも同席して、サービス担当者会議を開催しました。そこで、ケアプラン原案の内容について、山田さん本人と長女・栄子さん、各サービス担当者に説明し、さまざまな意見を聞きました。

　買い物の同行について、山田さんから「商店街に行く際に、遠回りにはならないので川の流れる緑道を通りたい、カルガモの赤ちゃんを見たり、四季の変化を感じたい」という意向が示されました。これは山田さんの自立支援にあたり、外出意欲の維持にもつながると、サービス担当者からの賛同が得られました。サービス担当者会議で検討したことは、必ず「**第4表　サービス担当者会議の要点**」に記載します。

5 ≫ ケアプランの交付

　サービス担当者会議の内容を踏まえて山田さんと栄子さんにケアプラン原案を確認してもらい、山田さんから捺印をもらって、**山田さんと事業者にケアプランを交付**します。山田さんのサービスは、翌月1日から開始されることになりました。

⑥ ≫ モニタリング

　４月の中旬に、花山さんは、**山田さん宅を訪問し**、聞き取りを行って、サービスの実施状況や新しいニーズがないかなどのモニタリングをしました。このとき、翌月分のサービス利用票を持参し、内容を確認のうえ、捺印をもらいました。

　モニタリングの結果は、事業所の**モニタリングシート**に記載し、「**第5表　居宅介護支援経過**」に、モニタリングを行った日時と記録について、記載しました。

※モニタリングの結果ケアプランを変更する必要が生じた場合には、再度、**アセスメント**を行い、初回と同じ過程を経て、ケアプランを作成する必要があります。

💡 ワンポイントアドバイス

給付管理

　第6表、第7表は、保険給付費の請求のうえでも重要です。通常、月初に各サービス事業者から送られてくる「**サービス提供実績**」を確認し、**給付管理票を作成**します。そして**毎月10日までに国民健康保険団体連合会（国保連）に送付**します。

　以上、ケアプランの作成・交付とモニタリングの流れを紹介しました。次ページから、ケアプランの各表（第1表〜第7表）の内容と記載のポイントをくわしく見ていきましょう。

ケアプランのまとめ方

1 >>> ケアプランの書類の性格を知る

ケアプランは、書類の性格でおおまかに分けると、下記のようになります。

> ❶ **アセスメント**が**根拠**となる書類
> →第1表〜第3表
> ❷ **保険給付**の**根拠**となる書類
> →第6表、第7表

❶の第1表〜第3表は、**アセスメントが根拠**となり、特に中核となるのが第2表です。文章を記載する欄も多く、ケアマネジャーとしての専門性が要求されるといってよいでしょう。

❷の第6表、第7表は、事業者が法定代理受領で**保険給付**を受ける際の根拠となる書類です（利用者の側からは、第6表は月間スケジュール、第7表は費用の確認の面で重要な書類となります）。このため、第1表〜第3表の内容に沿って正確にもれなく記載されていることが重要です。事務処理能力が要求されるといってよいでしょう。

ケアプランに記載する際には、これら書類の性格を踏まえて、時間の配分などをし、効率的に進めましょう。パソコンソフトもおおいに活用するとよいでしょう。

2 >>> ケアプランのまとめ方　第2表から第1表へ

アセスメント結果を踏まえて導き出された、本人のニーズと、具体的な援助内容を記載するのが、ケアプランの**第2表**です。いわば、**ケアプランの心臓部となる書面**といっていいでしょう。

第1表からまとめるのではなく、まず、この**第2表から着手**する

とよいでしょう。なぜなら、第1表の「総合的な援助の方針」は、第2表の目標や援助内容などが設定されたあとでなければ、全体（総合）が見えず、まとめにくいことが多いからです。「総合的な援助の方針」は、総仕上げとして"最後の一欄"にしてみましょう。このことにより、具体的な目標、援助内容に裏づけされた、より的確な総合方針になると思います。

　ケアプランの**第3表**は、**1週間の介護サービスの内容**や本人の1日の「**主な日常生活上の活動**」が曜日ごと、24時間の時間軸に沿って**視覚的に確認できる**内容となっています。

　第3表は、第2表が固まってから、着手しましょう。また、「主な日常生活上の活動」は、第2表にはない部分です。アセスメントの情報のほかにも、本人・家族としっかりコミュニケーションをとり、多くの情報を得て、ここに記載しましょう。第3表をもとに、月間サービス計画である第6表、続いて第7表をまとめていきます。

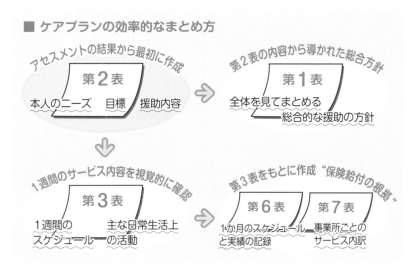

■ ケアプランの効率的なまとめ方

アセスメントの結果から最初に作成
第2表
本人のニーズ　目標　援助内容

第2表の内容から導かれた総合方針
第1表
全体を見てまとめる
　　　　総合的な援助の方針

1週間のサービス内容を視覚的に確認
第3表
1週間の　　　主な日常生活上
スケジュール　の活動

第3表をもとに作成"保険給付の根拠"
第6表　　**第7表**
1か月のスケジュール　事業所ごとの
と実績の記録　　　　サービス内訳

第1表の基本ルールと書き方

1 >>> 第1表とは ...

　「居宅サービス計画書（1）」は、アセスメントで明らかになった課題を解決するためのケアプラン全体の支援の方向性を示すものです。

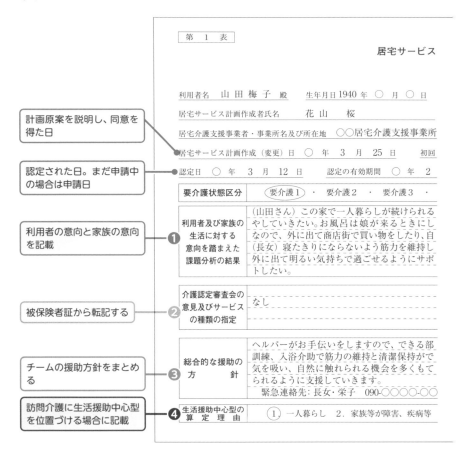

計画原案を説明し、同意を得た日

認定された日。まだ申請中の場合は申請日

利用者の意向と家族の意向を記載

被保険者証から転記する

チームの援助方針をまとめる

訪問介護に生活援助中心型を位置づける場合に記載

第　1　表

居宅サービス

利用者名　山田梅子　殿　　生年月日 1940 年 ○ 月 ○ 日
居宅サービス計画作成者氏名　　花山　桜

居宅介護支援事業者・事業所名及び所在地　　○○居宅介護支援事業所

居宅サービス計画作成（変更）日 ○ 年 3 月 25 日　　初回

認定日 ○ 年 3 月 12 日　　認定の有効期間 ○ 年 2

要介護状態区分　　要介護1・　要介護2・　要介護3・

① 利用者及び家族の生活に対する意向を踏まえた課題分析の結果
（山田さん）この家で一人暮らしが続けられるやしていきたい。お風呂は娘が来るときにしなので、外に出て商店街で買い物をしたり、自（長女）寝たきりにならないよう筋力を維持し外に出て明るい気持ちで過ごせるようにサポートしたい。

② 介護認定審査会の意見及びサービスの種類の指定
なし

③ 総合的な援助の方針
ヘルパーがお手伝いをしますので、できる部訓練、入浴介助で筋力の維持と清潔保持がで気を吸い、自然に触れられる機会を多くもてられるように支援していきます。
　緊急連絡先：長女・栄子　090-○○○○-○○

④ 生活援助中心型の算定理由
① 一人暮らし　2．家族等が障害、疾病等

自分の居宅介護支援事業所で初めて作成する計画であれば「初回」、ほかの居宅介護支援事業所からの引継ぎなどであれば「紹介」、継続して作成している計画書であれば「継続」

ケアプラン原案の内容を説明し同意を得た日

作成年月日　　　○　年　3　月　25　日

計画書（1）

(初回)・紹介・継続　　　　(認定済)・申請中

住所　○○県○○市○○台1-2-3

○○県○○市○○台5-6

居宅サービス計画作成日　○　年　3　月　25　日

月　20　日～　○　年　8　月　31　日

要介護4　・　要介護5

よう、筋力低下しないように少しでも動いて、できることを増
か入れないので支援してほしい。また、気持ちがふさぎがち
然の中を 歩きたい。
てほしい。また、母は、父を亡くしてから落ち込みがちなので、
ートをお願いしたい。私も平日は難しいが、できるだけサポ

分の家事はご自分で行っていきましょう。通所介護による機能
きるよう支援します。また、訪問介護の買い物同行では外の空
るよう配慮し、明るい気持ちで安心してご自宅での生活を続け

○○

3．その他（　　　　　　　　　　　　　　　　）

自分の居宅介護支援事業所で初めて計画書を作成した日

介護保険の被保険者証から転記する

第1表の基本ルールと書き方

❷ ≫≫ 第 1 表 居宅サービス計画書 (1) の書き方のポイント

❶利用者および家族の生活に対する意向を踏まえた課題分析の結果

　ここでは、利用者・家族の意向を踏まえ、利用者の能力や生活環境を把握・評価したうえで、生活上の課題を解決し、利用者の**自立を支援**するために必要なことを、**利用者・家族の立場に立って**記載します。利用者の場合は、これからどこで、どのようなサービスを受けてどのような生活がしたいかなど、家族の場合は、どのような思いで利用者を支えていこうと考えているかなどを、**利用者と家族を分けて**書きます。介護者が複数の場合は、「長男」「長女」など**続柄**を書いて、それぞれ記入します。

　認知症など、本人の意向が直接わからないときは、気持ちのわかる家族に代弁してもらったり、本人の態度などからわかることを踏まえて記載しましょう。

　また、ケアプランは、利用者本人に見せるものです。利用者の心情に配慮が必要な意向などは、「第5表の居宅介護支援経過」に記載するとよいでしょう。

❷介護認定審査会の意見およびサービスの種類の指定

　介護保険の被保険者証を確認し、介護認定審査会の意見やサービスの種類の指定があれば、転記します。意見がない場合は、空欄ではなく「**なし**」と記載しましょう。

❸ 総合的な援助の方針

　❶に対応して、ケアチームが、利用者と家族に対してどのような方針で援助するのか、その方向性を記入します。単に「何のサービスを援助するのか」ではなく、**利用者や家族の意向にこたえる**ように、利用者の「**望む生活**」の実現を目標として、チームとして**どのような援助を実施していくのか**、その方針を記載します。

　また、認知症や医療依存度が高いなど緊急事態が想定されるような場合には、利用者・家族と相談したうえで、緊急時の**対応機関**や**連絡先**をここに記載します。どのような場合を緊急事態と考えているか、また、緊急時の対応方法なども記載するのが望ましいでしょう。

❹生活援助中心型の算定理由

　訪問介護の生活援助中心型をケアプランに位置づけた場合にのみ記入します。生活援助中心型は、1.**一人暮らし**　2.**家族等が障害、疾病等**　3.**その他（同様のやむを得ない理由がある場合）**に利用できるので、該当するところに○をつけます。その他では、同様のやむを得ない理由として、「日中は独居」「家族が遠方で介護は不可」など**具体的**に書きましょう。

💡 ワンポイントアドバイス

利用者の同意欄

　標準様式にはありませんが、事業所により、下欄に「利用者同意欄」を設けているものもあります。

　本人または家族に計画の内容を説明し、**同意**を得たら押印してもらいます（同意を示すメールでも可）。

※国の標準様式は、標準的な例として示されているもので、使いやすいよう適宜カスタマイズしてもかまいません。

第2表の基本ルールと書き方

1 >>> 第2表とは ...

　「居宅サービス計画書 (2)」は、ニーズに対応する目標と援助内容が示される、ケアプラン全体の中核となるものです。

長期目標を達成するための当面の具体的な目標

課題分析の結果、導き出されたニーズを優先順位の高いものから記載

ニーズと対応して設定する、その人の最終的に目指す目標や結果。認定の有効期間内に実現可能なものとする

長期目標の達成に必要な期間。認定の有効期間を考慮する。終了時期が特定できない場合は、開始時期だけでよい

第 2 表

居宅サービス

利用者名　　山田梅子　　殿

生活全般の解決すべき課題（ニーズ）	目　　標			
	長期目標	（期間）	短期目標	（期間）
筋力を維持し、自分でできる家事を増やして安心して暮らしたい	自宅で、一人でも毎日を安心して過ごせる	○年4/1〜8/31	自分でもできる家事を行う	○年4/1〜6/30
			筋力低下を防止する	○年4/1〜6/30
安全に入浴して、日々を快適に清潔に過ごしたい	褥瘡にならずに過ごせる	○年4/1〜8/31	安全に入浴できる	○年4/1〜6/30
疾病の管理をして、病気が悪くならないようにしたい	体調良く毎日を過ごせる	○年4/1〜8/31	定期的に通院し、健康状態を相談できる	○年4/1〜6/30
閉じこもりがちなので、外に出て、明るい気持ちで生活したい	地域に出てコミュニケーションを楽しめる	○年4/1〜8/31	定期的に、緑道を通って買い物に行くことができる	○年4/1〜6/30

※1　「保険給付の対象となるかどうかの区分」について、保険給付対象
※2　「当該サービス提供を行う事業所」について記入する。

短期目標の達成に必要な期間。長期目標達成のためのステップとして設定する。終了時期が特定できない場合は、開始時期だけでよい

ケアプラン原案の内容を説明し
同意を得た日（第1表と同様）

介護保険給付の対象として提
供するサービスに○をつける

短期目標を達成するため
に必要な援助内容

計画書（2）

作成年月日　　○　年　3　月　25　日

介護保険のサービス名は、
正式なサービス名を書く。
家族や民生委員など、イン
フォーマルなサービス
も含む

❹

サービス内容	※1	援　助　内　容			
		サービス種別	※2	頻度	期間
洗濯、掃除、調理などの本人が困難な部分の家事を補う	○	訪問介護	○○事業所	週3回	○年4/1〜6/30
機能訓練による身体機能の維持	○	通所介護	□□デイサービスセンター	週2回	○年4/1〜6/30
入浴介助、洗身一部介助、着替えの一部介助	○	通所介護	□□デイサービスセンター	週2回	○年4/1〜6/30
身体状況についての相談支援、服薬の処方、疾病管理		医療機関	○○病院	月2回	○年4/1〜6/30
市内病院への往復の通院介助		家族	長女	月2回	
散歩を兼ねた買い物同行による自立意欲の支援	○	訪問介護	○○事業所	週1回	○年4/1〜6/30
歩行器のレンタルによる歩行支援	○	福祉用具貸与	○○用具店	適宜	

内サービスについては○印を付す。

「サービス内容」を実施す
る期間

「サービス内容」を実施す
る頻度（週に何回、月に
何回かなど）を記載する

「サービス内容」を実施す
る事業所名を記載する。
家族が行う場合は、続柄
を書く

第2表の基本ルールと書き方

2 >> 第2表 居宅サービス計画書（2）の書き方のポイント

❶生活全般の解決すべき課題（ニーズ）

　アセスメント（課題分析）の結果、導き出されたニーズ（生活課題）を、優先順位の高いものから記載していきます。特に健康面や安全面に関連する課題は、優先順位を先にするとよいでしょう。

　ニーズには、利用者が自立した生活を営むうえで、①**解決すべき（困っている）課題**に加えて、②その状態を**解決する目標や結果**を含める必要があります。**利用者がどのような生活を送りたいのか、どのような状態を目指しているのか**、利用者の**前向きな思い**を含め、利用者に寄り添った表現にしましょう。また、支援を得ることで利用者ができるようになることを整理し、具体的な方法や手段も含めてわかりやすく記載します。

> 例）× 「腰痛で思うように家事ができないので困る」
> ◯ 「腰痛で思うように家事ができないが、できない部分を手伝ってもらいながら、**自分で家事を行っていきたい**」

❷長期目標

　長期目標は、ニーズに対応した、**利用者の実現したい生活の"到達点"**です。ニーズが実現したときに、利用者が、**日常生活でのような状態になっているか、どのような活動をしているか**を想定して表現します。具体的には、「地域の活動に参加できる」など、「◯◯〜ができる」「〜をする」といった表現にするとよいでしょう。

❸短期目標

　短期目標は、長期目標を達成するために、**まず実施すること**を目

標として設定します。**実現可能**で、**具体的**なことを記載しましょう。「1日○単位のカロリーを守って食事をとる」というように具体的にわかりやすく書くと、**モニタリング時に達成度が評価**しやすくなります。

❹援助内容

援助内容は、全体を通して利用者のニーズを実現するために「**いつ**」「**どこで（の）**」「**だれが**」「**何を**」「**なぜ**」「**どのように**」の「**5W1H**」が、明確にわかるように記載しましょう。

サービス内容	サービス種別	※2（事業所）	頻度　期間
Why 何のために How どのような What 内容のサービスを	Who だれが	Where どこで	When いつ

援助内容のうち「サービス内容」の欄は、「歩行の見守り、外出時の移動介助」などサービスの項目ごとに**具体的**にもれなく記入します。介護保険のサービスだけではなく、「定期的な診察と生活指導・相談」など医療保険・他制度でのサービスのほか、家族の支援などの**インフォーマルなサポート**も記載しましょう。

💡 ワンポイントアドバイス

利用者の意欲を引き出す

　短期目標を立てる際には、利用者の生活歴や趣味も踏まえて、その人が要介護状態となる前に「どのようなことをしていたか」、を念頭におくとイメージしやすくなります。「もう一度○○したい」という利用者の意欲を引き出して、目標に位置づけましょう。

第3表の基本ルールと書き方

1 >>> 第3表とは ...

　「週間サービス計画表」は、利用者や家族の週単位のサービスと主な日常生活上の活動を記載します。その人の生活がイメージできる書類です。

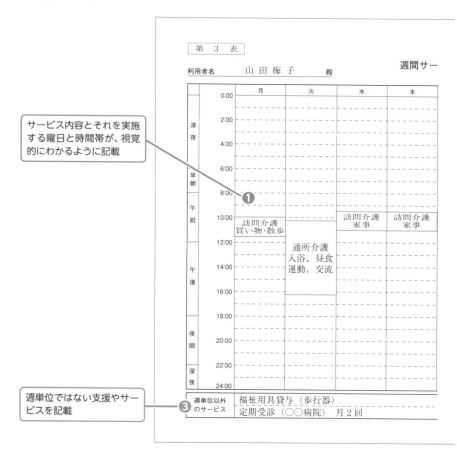

サービス内容とそれを実施する曜日と時間帯が、視覚的にわかるように記載

週単位ではない支援やサービスを記載

第 3 表

利用者名　山田梅子　殿　　　　　週間サー

		月	火	水	木
	0:00				
深夜	2:00				
	4:00				
早朝	6:00				
午前	8:00	❶			
	10:00	訪問介護 買い物・散歩	通所介護 入浴、昼食 運動、交流	訪問介護 家事	訪問介護 家事
	12:00				
午後	14:00				
	16:00				
夜間	18:00				
	20:00				
深夜	22:00				
	24:00				

❸ 週単位以外のサービス	福祉用具貸与（歩行器） 定期受診（○○病院）　月2回

ケアプラン原案の内容を説明し同意を得た日（第1表、第2表と同様）

作成年月日　　○ 年 3 月 25 日

ビス計画表

金	土	日	主な日常生活上の活動 ②
			起床 朝食
			服薬
	通院 長女付添い 月2回	訪問介護 家事	
通所介護 入浴、昼食 運動、交流			昼食 体操
			お茶、おやつ テレビを見る
			夕食の温め 服薬
			就寝

利用者の日常生活上の活動。起床、就寝、整容、食事、午睡、排泄などのほか、散歩など、日課としていることがあればそれも記載する

29

第3表の基本ルールと書き方

2 >>> 第3表 週間サービス計画表の書き方のポイント

❶曜日・時間・サービス内容

第2表の「援助内容」をもとに、サービスの週間計画が視覚的にわかるように、実施する**曜日と24時間の時間軸にあわせて記入**します。利用する介護サービスのみを記入するのではなく、**家族の支援や利用者のセルフケアなども含めて記入**します。

❷主な日常生活上の活動

起床、就寝、食事、昼寝の時間など、利用者本人の日常生活上の活動を記載します。散歩やテレビを見るなど**日課として行っていること**もきちんと記載しましょう。

24時間あるので、日中だけではなく、**夜間の様子**も記載しましょう。特に夜間にしばしばトイレに行くなどの場合は、しっかりと記載することが大切です。

このことで本人の生活がどのようなパターーンなのかが明確になり、ショートステイなどを利用したときに役立ちます。

なお、通所介護や通所リハビリテーションを利用している場合は、

その**サービスがある日とない日では生活パターンが異なります。**

　そのため、下の例のように「デイのある日」と「デイのない日」に分けて記載してもよいでしょう。

例）

	デイのある日	デイのない日
10：00	デイ出発	
	入浴	ヘルパーと家事
12：00	昼食	昼食
	機能訓練	腰痛体操
14：00	レクリエーション	
		お茶、おやつ
16：00	帰宅	テレビを見る
18：00	食事の温め、夕食	
21：00	就寝	

❸週単位以外のサービス

　週単位ではなく実施されるサービス、たとえば福祉用具貸与、住宅改修、短期入所サービス、居宅療養管理指導などを記載します。

　介護保険外のサービス（通院など）や**インフォーマルサービス**についても記載しておきましょう。

第4表の基本ルールと書き方

❶ >>> 第4表とは ...

「サービス担当者会議の要点」は、「サービス担当者会議」で検討した内容の要点をわかりやすくまとめたものです。

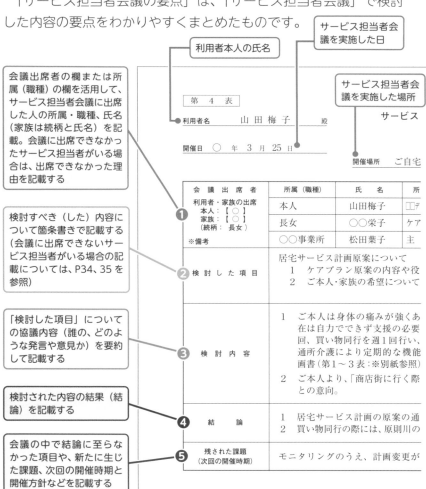

利用者本人の氏名

サービス担当者会議を実施した日

サービス担当者会議を実施した場所

会議出席者の欄または所属（職種）の欄を活用して、サービス担当者会議に出席した人の所属・職種、氏名（家族は続柄と氏名）を記載。会議に出席できなかったサービス担当者がいる場合は、出席できなかった理由を記載する

検討すべき（した）内容について箇条書きで記載する（会議に出席できないサービス担当者がいる場合の記載については、P34、35を参照）

「検討した項目」についての協議内容（誰の、どのような発言や意見か）を要約して記載する

検討された内容の結果（結論）を記載する

会議の中で結論に至らなかった項目や、新たに生じた課題、次回の開催時期と開催方針などを記載する

第　4　表

利用者名　　山　田　梅　子　　　殿

開催日　○　年　3　月　25　日

サービス

開催場所　　ご自宅

会　議　出　席　者	所属（職種）	氏　　名	所
利用者・家族の出席 本人：【○】 家族：【○】 （続柄：長女）	本人	山田梅子	□テ
	長女	○○栄子	ケア
※備考	○○事業所	松田葉子	主

❷ 検討した項目　居宅サービス計画原案について
　　1　ケアプラン原案の内容や役
　　2　ご本人・家族の希望について

❸ 検討内容
　1　ご本人は身体の痛みが強くあ
　　在は自力でできず支援の必要
　　回、買い物同行を週1回行い、
　　通所介護により定期的な機能
　　画書（第1〜3表：※別紙参照）
　2　ご本人より、「商店街に行く際
　　との意向。

❹ 結論
　1　居宅サービス計画の原案の通
　2　買い物同行の際には、原則川の

❺ 残された課題（次回の開催時期）
　モニタリングのうえ、計画変更が

ケアマネジャーがこの
書面を作成した日付を
記載する

作成年月日　　　○　年　3　月　25　日

担当者会議の要点

居宅サービス計画作成者（担当者）氏名　　花山　桜

開催時間　14：00〜15：00　開催回数　1

サービス担当者会議を
実施した時間帯

これまで実施したサー
ビス担当者会議の回数
（初回の場合は「1」、2
回以上の場合は、今回
を含めた回数を記載）

属（職種）	氏　名	所属（職種）	氏　名
ﾃﾞｲｻｰﾋﾞｽｾﾝﾀｰ	竹山　豊		
マネジャー	花山　桜		
治医	山中（欠席） ※診療中		

割分担について

まり動けない状態が続き、意欲も低下している。入浴も現
がある。ヘルパーと一緒に行う家事などの訪問介護を週3
少しでも意欲をもって日中に動けるように支援すること、
訓練と清潔保持を週2回行うことなど、居宅サービス計
にそって、内容を確認した。
に、遠回りにはならないので川の流れる緑道を通りたい」

りに進める
流れる緑道を通ることで合意、家からのルートを確認

ある場合に開催する

第4表の基本ルールと書き方

❷ >> 第4表 サービス担当者会議の要点の書き方のポイント

❶会議出席者

サービス担当者会議に出席した者の所属または職種、氏名を記入します。

例) □□デイサービスセンター　　竹山　豊
ケアマネジャー　　　　　　　　　花山　桜

本人・家族の場合は、「会議出席者」の欄に出席の有無を記入してもよいでしょう。なお、会議に出席できなかったサービス担当者がいる場合は、その所属または職種、氏名に加え、**出席できなかった理由**を記載します。

※ほかの書類で確認できれば、省略して差し支えありません。

❷検討した項目

まず、今回の開催の全体の**目的**について、簡単に記載しましょう。「検討した項目」には**番号**を振って、「検討内容」などとの対応関係がわかるようにしましょう。または、「検討内容」の欄と統合して記載してもよいでしょう。

例）居宅サービス計画原案について 　　1　ケアプラン原案の内容や役割分担について 　　2　ご本人・家族の希望について

会議に出席できなかったサービス担当者がいる場合は、事前にその担当者に書面や電話で問い合わせ、その**問い合わせた（照会）内容**、得られた**意見の内容**、**問い合わせた日付**をここに記載しておきます。

※ほかの書類で確認できれば、省略して差し支えありません。

❸検討内容

「検討した項目」についての、それぞれの検討内容を記載します。その際、サービス内容だけではなく、サービスの提供方法、留意点、頻度なども具体的に記載します。長くなる場合は、別紙参照としてもよいでしょう。

❹結論

協議された内容の結果（結論）を記入します。

❺残された課題（次回の開催時期）

サービス担当者会議において、話し合っても**結論に至らなかった課題**、ケアチームと利用者・家族の意向が一致せずに**利用に至らなかったサービス**、これからの利用者の生活で**新たに生じると考えられる課題**があれば記入します。

また、**次回の開催時期、開催方針**なども記録しておきます。

💡 ワンポイントアドバイス

記録としてのわかりやすさ

この書類は、サービス担当者会議の「要点」とあるように、会議で話し合った内容を整理して、その要点を簡潔に書くことが求められます。

ただし、大切なことは落とさないように、わかりやすく要点をまとめましょう。その場でまとめることが難しければ、会議録を別につくり、あとでまとめてもよいでしょう。

※ 2021（令和 3）年度から、サービス担当者会議はオンライン上での開催も可能となっています（利用者・家族の同意が必要）。

第5表の基本ルールと書き方

❶ >>> 第5表とは ...

　「居宅介護支援経過」は、ケアマネジメント（居宅介護支援）の経過、ケアマネジャーの判断したことやその根拠などを時系列で記録していくものです。

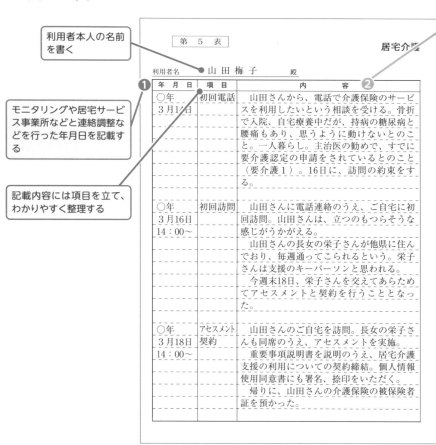

利用者本人の名前を書く

モニタリングや居宅サービス事業所などと連絡調整などを行った年月日を記載する

記載内容には項目を立て、わかりやすく整理する

第　5　表

居宅介護

利用者名　　●山田　梅子　　　殿

❶ 年　月　日	項　目	内　　　　容 ❷
○年 3月14日	初回電話	山田さんから、電話で介護保険のサービスを利用したいという相談を受ける。骨折で入院、自宅療養中だが、持病の糖尿病と腰痛もあり、思うように動けないとのこと。一人暮らし。主治医の勧めで、すでに要介護認定の申請をされているとのこと（要介護1）。16日に、訪問の約束をする。
○年 3月16日 14：00～	初回訪問	山田さんに電話連絡のうえ、ご自宅に初回訪問。山田さんは、立つのもつらそうな感じがうかがえる。 　山田さんの長女の栄子さんが他県に住んでおり、毎週通ってこられるという。栄子さんは支援のキーパーソンと思われる。 　今週末18日、栄子さんを交えてあらためてアセスメントと契約を行うこととなった。
○年 3月18日 14：00～	アセスメント 契約	山田さんのご自宅を訪問。長女の栄子さんも同席のうえ、アセスメントを実施。 　重要事項説明書を説明のうえ、居宅介護支援の利用についての契約締結。個人情報使用同意書にも署名、捺印をいただく。 　帰りに、山田さんの介護保険の被保険者証を預かった。

利用者からの相談内容、モニタリングの状況、事業所等との連絡調整の内容、サービスの利用状況や有効性、ケアプランの変更の必要性、利用者に生じた変化、把握した事実やケアマネジャーの所見などを記載する

支援経過

ケアプラン担当ケアマネジャー本人の名前を書く

居宅サービス計画作成者氏名　　花 山　　桜

年　月　日	項　目	内　　　容
○年 3月19日	電話連絡	日程調整のため、□□デイサービスセンターの竹山さんに相談、山田さんの通所について了解を得る。 　○○事業所の松田さんにサービスの日程案を送付。承諾をいただく。
○年 3月23日	ケアプラン 原案作成 ・確認	山田さんのケアプラン原案を作成し、電話のうえ、16：00に山田さん宅を説明のため訪問、了承をいただく。 　初回訪問のときは、声も小さくご自分で「うつ状態」とおっしゃっていたが、通所介護に意欲的。
○年 3月23日	日程調整	各サービス担当者とサービス担当者会議の日程調整。25日で決定。主治医の山中さんは、診療多忙でどうしても都合がつかず。照会書とケアプラン原案を送付し、意見をいただくことにした。
○年 3月25日 14：00〜	サービス 担当者 会議	山田さんのご自宅にてサービス担当者会議を開催。買い物同行の際に、川の流れる緑道を通ることで、みなもその場で了承。ケアプラン原案を山田さんに確認してもらい、捺印をいただく。同日、山田さんに交付した。
○年 3月26日		各サービス担当者にケアプランを交付。

第5表の基本ルールと書き方など

❷≫ 第5表 居宅介護支援経過の書き方のポイント

❶年月日

年月日を記入しますが、より正確な記録としては、**曜日**や**時間**も記録したほうがよいでしょう。

❷内容

ケアマネジャーが、ケアマネジメントを実施していく過程で生じた、事業所などとの連絡調整の内容、サービスの利用状況や有効性、ケアプランの変更の必要性、利用者からの相談内容、利用者に生じた変化、把握した事実やケアマネジャーの所見などを**時系列**に沿って記録します。

書き方としては、ケアマネジャーの日記ではなく、**公的な記録**となることを意識して記載するのがポイントです。

客観的事実を書くと同時に、その客観的事実について、**ケアマネジャーとして検証したこと、判断したことの根拠**なども記録します。

また、本人に知られてはならないことや家族のみが知っている事実など、利用者本人が確認する**ケアプランには書けない**けれど、サービスを実施するうえで重要なことも、ここに記録しておきます。

なお、別の様式を活用して記録している場合は、「モニタリングシート等（別紙）参照」のように記載し、同じ内容を重複して記載する必要はありません。

この経過記録は、のちのサービス担当者会議や、新たな介護サービスの検討の際にも重要な資料になります。的確かつ簡潔に記録できるようにしておきましょう。

第
1
章

ケアプランの基本

居宅介護支援経過の記録

　第5表の居宅介護支援経過には、ケアマネジメントの支援の経過がもれなく書き込まれていることが必要です。特に、行っていなければ減算となる業務のもれ（**居宅サービス計画の交付年月日**の記載がない、**1か月ごとのモニタリング**を行った記録がないなど）、ケアプランとの矛盾（ケアプランが変更されているのに、第5表に記載がないなど）などは、行政による指導監査の対象となるので注意しましょう。

❸第6表 サービス利用票の書き方のポイント

　第6表（→ P40、41）は、第3表の週間サービス計画表をもとに記載します。サービスの記載は、事業所単位で、提供時間帯の早い順（0:00～23:59）に記載します。

❹第7表 サービス利用票別表の書き方のポイント

　第7表（→ P42、43）では、支給限度基準額の確認と利用者負担の計算を行い記載します。すべてのサービスを第6表の「サービス利用票」の各行から転記し、事業所ごと・サービス種類ごとの合計単位数（介護給付費等単位数サービスコード表参照）を算出します。

　支給限度基準額を超えている場合、どの事業所に単位数の割り振りをするかについては、利用者の意向や各事業所間の調整により決めます。

💡 ワンポイントアドバイス

サービス利用票などの見方

　「サービス利用票」「サービス利用票別表」の見方について、利用者本人や家族によく説明しておきましょう。

第6表の基本ルールと書き方

▶▶▶ 第6表とは…

「サービス利用票」は、保険給付対象となるサービスについての
月間サービス計画とサービス提供実績について記録します。

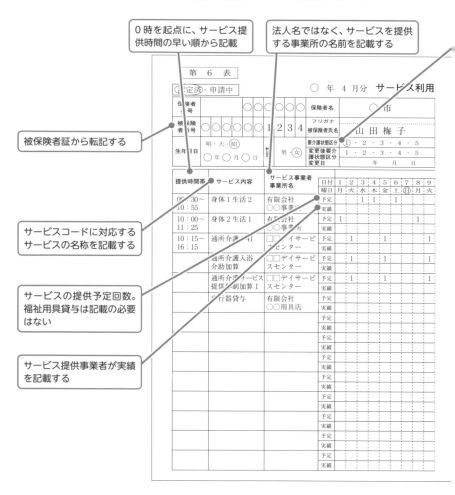

0時を起点に、サービス提供時間の早い順から記載

法人名ではなく、サービスを提供する事業所の名前を記載する

被保険者証から転記する

サービスコードに対応するサービスの名称を記載する

サービスの提供予定回数。福祉用具貸与は記載の必要はない

サービス提供事業者が実績を記載する

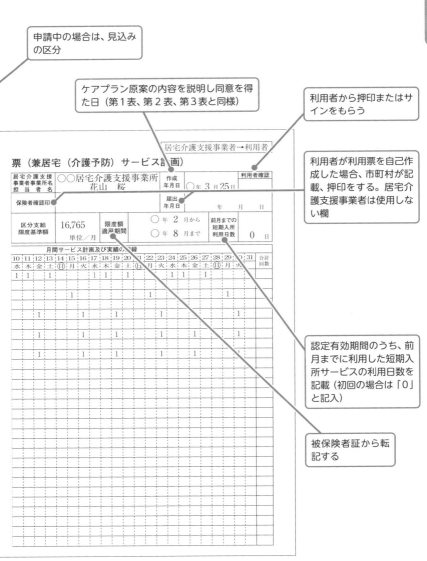

申請中の場合は、見込みの区分

ケアプラン原案の内容を説明し同意を得た日（第1表、第2表、第3表と同様）

利用者から押印またはサインをもらう

利用者が利用票を自己作成した場合、市町村が記載、押印をする。居宅介護支援事業者は使用しない欄

認定有効期間のうち、前月までに利用した短期入所サービスの利用日数を記載（初回の場合は「0」と記入）

被保険者証から転記する

居宅介護支援事業者→利用者

票（兼居宅（介護予防）サービス計画）

居宅介護支援事業者事業所名担当者名	○○居宅介護支援事業所花山　桜		作成年月日	○年 3 月25日	利用者確認	
保険者確認印			届出年月日		年　　月　　日	
区分支給限度基準額	16,765単位／月	限度額適用期間	○年 2 月から○年 8 月まで	前月までの短期入所利用日数	0 日	

月間サービス計画及び実績の記録

10	11	12	13	14	15	16	17	18	19	20	21	22	23	24	25	26	27	28	29	30	31	合計回数
水	木	金	土	⑪	月	火	水	木	金	土	⑪	月	火	水	木	金	土	⑪	月	火		
1	1		1			1	1		1			1	1		1							
				1					1						1							
		1			1			1			1			1				1				
		1			1			1			1				1							
		1			1			1			1			1								

第7表の基本ルールと書き方

▶▶▶ 第7表とは ...

　「サービス利用票別表」は、サービス提供事業所ごとに、サービス内容と種類、単位数、費用などを記載します。利用者にとっては、利用明細書のようなもので、給付管理上も重要な書類です。

第6表から転記。集計行には「訪問介護合計」などと記載する（1つのサービスに、1つのサービスコードしかない場合は、集計行は不要）

「サービス内容／種類」に対応するサービスコードを記載する

第　7　表

区分支給限度管理・利用者負担計算

事業所名	事業所番号	サービス内容／種類	サービスコード	単位数	割引適用後 率%	割引適用後 単位数	回数	サービス単位/金額	給付管理単位数	種類限度基準を超える
有限会社○○事業所	1070	身体1生活2	114211	384			12	4608		
有限会社○○事業所	1070	身体2生活1	115111	463			5	2315		
有限会社○○事業所	1070	訪問介護初回加算	114001	200			1	200		
有限会社○○事業所	1070	訪問介護合計						(7123)		
有限会社○○事業所	1070	訪問介護処遇改善加算Ⅲ	116271					(392)		
□□デイサービスセンター	1071	通所介護141	152346	581			9	5229		
□□デイサービスセンター	1071	通所介護入浴介助加算(Ⅱ)	155301	55			9	495		
□□デイサービスセンター	1071	通所介護合計						(5724)		
□□デイサービスセンター	1071	通所介護サービス提供体制加算Ⅰ	156100	18			9	(162)		
□□デイサービスセンター	1071	通所介護処遇改善加算Ⅱ	156107					(253)		
有限会社○○用具店	10710	歩行器貸与	171009					300		
			区分支給限度基準額（単位）	16,765		合計		13,147		

第6表から転記

種類別支給限度管理

サービス種類	種類支給限度基準額（単位）	合計単位数	種類支給限度基準を超える単位数	サービス
			合　計	

市町村が種類支給限度基準額を設定していない場合、この欄は使用しない

第6表から転記

要介護認定期間中の短期入所利用日数

前月までの利用日数	当月の計画利用日数	累積利用日数
0	0	0

当月中に計画に位置づけた短期入所サービスのうち、限度額内の日数を記載

「サービスコード」に対応する1回あたりの単位

サービス単位の端数は、小数点以下を四捨五入する

事業所が料金割引を設定している場合は割引後の率を事業所に確認して記載する

円未満は切り捨てて記載する

費用総額（保険対象分）から保険給付額を差し引いた額を記載する

利用票別表　　　　　作成年月日　　　　　年　3　月　25　日

支給限度基準を超える単位数	種類支給限度基準内単位数	区分支給限度基準を超える単位数	区分支給限度基準内単位数	単位数単価	費用総額保険/事業対象分	給付率(%)	保険/事業費請求額給付額	定額利用者負担単価金額	利用者負担保険/事業対象分	利用者負担(全額負担分)
				7123	10.21	72725	90	65452		7273	
				(392)	10.21	4002	90	3601		401	
				5724	10.14	58041	90	522?		5805	
				(162)	10.14	1642	90	1477		165	
				(253)	10.14	2565	90	2308		244	
				300	10.00	3000	90	2700		300	
				13,147		141,975		12,774		14,201	

計画原案を説明し、同意を得た日

通常は9割だが、利用者負担の減額対象者などは、被保険者証を確認のうえ記載

各事業所の所在地のサービス種類に対応する単位数あたりの単価

種類	種類支給限度基準額(単位)	合計単位数	種類支給限度基準を超える単位数

※給付率は、2018年8月から、一定以上所得のある第1号被保険者は8割または7割となる。この事例では、9割としている。

　ケアマネジャーは、ケアプランのほかにも、居宅介護支援経過記録、主治医など関係者への依頼書など数多くの文書を作成しなければなりません。

　わかりやすく、必要な内容を押さえた文章を書けるようにしておきましょう。

　支援経過などの記録の際には、下記に留意しましょう。
○主観的表現（〜と思う）と客観的事実を1つの文の中で混在させない。
○利用者や家族の言葉をそのまま「　　　」と会話形式で書くなど、できるだけ具体的に、情景が浮かぶような生き生きとしたわかりやすい記述にする。
○居宅介護支援経過では、運営基準に盛り込まれている事項は、もれなく記録として必ず記載する。

　また、主治医などへの依頼書では、
○挨拶、言葉づかいなど基本的なマナーを心得た表現
○忙しい担当者に必要なことが簡潔に伝わる内容（1つの文を短く、要点をしぼる）といったことにも留意しましょう。

　日頃から本などを読んで、要約力、整理力、表現力を鍛えましょう。

第 2 章

アセスメントと課題抽出例

- ■アセスメントによるニーズの抽出
- ■課題分析標準項目
- ■課題抽出例

健康状態／ ADL ／ IADL ／認知／問題行動／コミュニケーション能力／社会とのかかわり／排尿・排便／褥瘡・皮膚の問題／口腔衛生／食事摂取／介護力／居住環境／特別な状況

アセスメントによるニーズの抽出

1 >>> アセスメントとニーズの抽出のプロセス

アセスメント（課題分析）とは、利用者について❶多方面から情報を収集し、❷その情報を整理、分析し、❸**ニーズ（生活課題）**を抽出することです。

■ アセスメントのプロセス

❶利用者の情報収集
- アセスメント情報
- 面接での観察情報
- 関係者から得た情報
- 資料（認定調査資料、主治医意見書など）

 ❷整理・分析

❸ニーズの抽出
生活を送るうえで
支障となる状態
＋
それを解決するための目標や結果

2 >>> 利用者の情報収集

利用者の情報収集では、**身体面・社会面・精神面**から、**利用者の全体像を把握**することが大切です。そのためには、ケアマネジャーがアセスメントを通して得た情報、利用者の了解を得ての主治医など関係者からの情報、また認定調査資料などの資料など、**多方面**から情報を収集する必要があります。

これらの情報は、**主観的事実**（〜したいなどの思い）、**客観的事実**（客観的な状況把握）の**両面**から得るようにします。

アセスメントにあたっては、アセスメントシート（課題分析票）を用いることにより、最低限の必要な情報を得ることができます。

アセスメントシートは、形式は自由ですが、国の示す「**課題分析標準項目**」（→ P50）を含むものでなくてはなりません。

アセスメントでは、「できない」状況だけではなく、「できていること」、「できる可能性のあること」にも着目して聞き取りを行って

いきましょう。

　また、**今後起こりうる危険性**についても、**予測**を立てておく必要があります。

3 >> 情報の整理・分析

　ケアマネジャーは、利用者について得た情報がもつ意味を深く理解し、ほかの情報との関連性などを総合的に判断する視点が必要となります。この整理・分析をしてニーズを導き出すまでの過程の根拠があとでわかるように、アセスメントシートとして、またはアセスメントシートとは別に、課題分析標準項目別に下記のようにまとめていくとよいでしょう。

例)

項目	利用者の状態①	原因②	利用者・家族の意向③	ケアマネジャーの考え④
ADL	膝の痛みで、立つことはできるが、歩行ができない	変形性膝関節症	(本人)このまま動けなくなったら、不安。何とか歩きたい (家族)介護負担も減らしたい	主治医との連携で膝の治療法やリハビリによる改善の可能性を探りつつ、歩行の安定に向けた介助や閉じこもり予防が必要

　①には、検討が必要な、利用者の具体的な情報を書きます。主治医から得られた情報などがあればまとめておきましょう。

　②には、①の状態をもたらしている原因を書きます。

　③には、その状態に対する、利用者や家族の思い、意欲などを聞き取り、記載します。利用者が困りごととしてとらえている場合、

アセスメントによるニーズの抽出

「どのようになればよいと思いますか」などと問いかけ、それを意欲的なニーズに表現できればそれを書きましょう。意欲的になることができなければ、そのまま利用者の思いを書きましょう。

❹には、利用者の自立に向けた可能性や今後の予測も含めて、どのようなケアが必要かなどケアマネジャーとして考えたことを記載しましょう。援助内容を位置づける際にも、なぜその援助を位置づけたのかの根拠となります。利用者の発言をそのまま書いたようなケアプランにならないためにも、ここをしっかりと整理しておくことが大切です。

このように書いて整理することにより、ニーズを導き出すプロセスがわかりやすく見えてきます。

4 >>> ニーズの抽出

上記で整理した項目について、ニーズとしてまとめていきます。

ニーズとは、①自立した生活を送るうえで、支障となっていること（困っていること）、②支障となっていることを解決する目標や結果、の２つの側面をあわせたものです。

検討を要する（困っている）状況をその背景にある要因も含めて客観的に把握し、利用者や家族の思い、希望と、ケアマネジャーとして判断したこと、今後の予測（状態像の変化、今後起こりうる危険性など）をすりあわせ、「**痛みを緩和したい、スムーズに歩けるようになりたい**」といった、困っている状況を解決する目標や結果を導き出します。

利用者が「どうせだめだ」と否定的になったり、意欲的な言葉を口にできなくても、ケアマネジャーとしての「こうすれば○○になる」「○○が必要」といった予測や意見も伝え、理解を得て、それ

をニーズとしてもいいでしょう。

　第2表に書く際には、このようにして得られたニーズを、**利用者の立場**に立った言葉でわかりやすく文章化していきます。

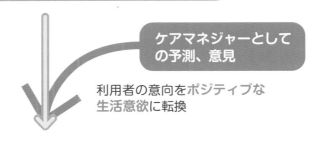

①利用者の困っている状況

変形性膝関節症のため、
膝が痛くて歩行ができない

～が原因で
～ができない、
困っている

ケアマネジャーとしての予測、意見

利用者の意向をポジティブな
生活意欲に転換

②困っている状況を解決する目標や結果

痛みを緩和して、
スムーズに歩けるようになりたい

～が必要
～がしたい

 ①と②をまとめて、利用者の立場
に立って文章化

変形性膝関節症による痛みを緩和して、スムーズに歩
けるようになりたい

　本書では、課題分析標準項目ごとに、ニーズの抽出例を記載しています（→ P52 ～）。ただし、**ほかの項目と相互に関連している**ものもありますので、実際にケアプランを作成する際には、適宜とりまとめ、**優先順位の高いもの**から、第2表に記載していきましょう。

課題分析標準項目

1 >>> 課題分析標準項目の構成

課題分析標準項目は、「**基本情報に関する項目**」の9項目と「**課題分析(アセスメント)に関する項目**」の14項目から構成されます。

2 >>> 基本情報に関する項目

基本情報については、利用者とのインテーク段階で収集したり、利用者がほかの機関からの紹介の場合は、すでにある程度収集されていることもあります。

ニーズの抽出の際には、基本情報での**生活歴**や**家族状況**から得られる内容も重要となりますので、しっかりと記載しましょう。

3 >>> 課題分析(アセスメント)に関する項目

第2表のニーズにつながる、アセスメントでの中心となる項目です。本書では、この項目に沿って、ニーズ抽出の際のポイント、課題抽出例、第2表文例を掲載しています。

■ 課題分析標準項目(基本情報に関する項目)

1	基本情報(居宅サービス計画作成についての利用者受付情報、利用者・家族の基本情報)
2	生活状況(利用者の現在の生活状況、生活歴など)
3	利用者の被保険者情報
4	現在利用しているサービスの状況(介護保険給付内外問わず)
5	障害高齢者の日常生活自立度
6	認知症である高齢者の日常生活自立度
7	主訴(利用者およびその家族の主訴や要望)

8	認定情報
9	課題分析（アセスメント）の理由

■ 課題分析標準項目（課題分析［アセスメント］に関する項目）

10	健康状態（既往歴、主傷病、症状、痛みなど）
11	ADL（寝返り、起き上がり、移乗、歩行、着衣、入浴、排泄など）
12	IADL（調理、掃除、買い物、金銭管理、服薬状況など）
13	認知（日常の意思決定を行うための認知能力の程度）
14	コミュニケーション能力（意思の伝達、視力、聴力など）
15	社会とのかかわり（社会活動への参加意欲、社会とのかかわりの変化、喪失感や孤独感など）
16	排尿・排便（失禁の状況、排尿排泄後の後始末、コントロール方法、頻度など）
17	褥瘡・皮膚の問題（褥瘡の程度、皮膚の清潔状況など）
18	口腔衛生（歯・口腔内の状態や口腔衛生）
19	食事摂取（栄養、食事回数、水分量など）
20	問題行動（暴言暴行、徘徊、介護の抵抗、収集癖、火の不始末、不潔行為、異食行動など）
21	介護力（介護者の有無、介護者の介護意思、介護負担、主な介護者に関する情報など）
22	居住環境（住宅改修の必要性、危険個所などの現在の居住環境）
23	特別な状況（虐待、ターミナルケアなど）

視点 〉〉〉

現在の健康状態と、その健康状態が利用者の望む暮らしにどのような影響を与えているのかを把握します。

✓ ここをチェック ✦

☐ 病気の履歴（新しい順に記載）、受診病院や受診状況はどうか。
☐ 現在の治療の状況、通院、服薬の状況はどうか。
☐ 現在の痛みはどの程度あるか。
☐ 利用者が障害や疾患に対して認識があるか。
☐ その疾患が及ぼすリスクや将来の予測は？
☐ 栄養状態を考えるうえで、身長や体重は？

ニーズを抽出する際の注意点

Key ♂ 生活支援のための視点

健康状態が、その人の望む暮らしにどのような影響を与えているのかを把握します。医療的な処置や服薬などの対応、生活習慣の見直しや環境の調整、家族介護の見直しなど、ほかの関連する項目ともあわせて総合的な支援内容にまとめる視点も必要です。

Key ♂ 医療との連携

医療ニーズの高い利用者では医療職とも連携して情報を収集・活用し、現在の健康状態をもたらしている「要因」「悪化の危険性」「改善の可能性」の３つの観点から分析することが大切です。

#関節リウマチ　#両手指変形　#浮腫　#疼痛　#一人暮らし　#睡眠障害

※利用者本人を「本人」、その配偶者は「夫」「妻」、本人の子を「長男」「長女」など、本人の子の配偶者は「婿」「嫁」と表記しています

利用者の状態	原因	利用者などの意向
• 10年前に関節リウマチ発症、両手指変形、こわばり、浮腫あり。骨粗鬆症、ヘルニアあり • 疼痛を内服と座薬で抑えている	• 関節リウマチ • 一人暮らし • 睡眠障害	本人※体調を崩しやすいのが心配だが、明るい気持ちで生活したい 長女 痛みをやわらげてほしい

ケアマネの予測＆ポイント

本人の心身の不安を解消し、QOL（生活の質）を高めるためにも、**疼痛管理は重要**。医療と連携しつつ生活支援していきます

この場合の**ニーズ**は…

関節リウマチにより、体調を崩しやすいが、痛みを抑えながら明るい気持ちで生活していきたい

#うつ病　#アルツハイマー型認知症　#高血圧症　#高脂血症
#内服治療中　#飲酒習慣　#この家で生活したい

利用者の状態	原因	利用者などの意向
• 3年前からうつ病を発症 • 1か月前に、認知症の診断を受けた。高血圧症、高脂血症もあり、服薬治療中	• うつ病 • アルツハイマー型認知症 • 長年の飲酒習慣	本人 よくなってこの家で生活したい 妻 対応に気をつけたい

ケアマネの予測＆ポイント

主治医と連携し、今後も医療管理が必要。本人が無理なく自分のペースで生活できるように支援します。**家族にも疾病への正確な知識をもってもらう必要があります**

この場合の**ニーズ**は…

うつ病やもの忘れがあり、気分が落ち込みやすいが、疾病のコントロールをして自宅での生活を続けたい

健康状態

#脳出血 #左上下肢麻痺 #高血圧症 #糖尿病 #体重が増加 #血圧管理
#食事管理

利用者の状態	原因	利用者などの意向
• 2年前、脳出血発作で左上下肢麻痺。高血圧症で、軽い糖尿病がある • よく食べるため、体重が増加している	• 脳出血 • 高血圧症 • 糖尿病 • 過食、日中の運動不足	本人 病気が悪化しないようにして、毎日を楽しく健康に暮らしたい 長女 母は何事も前向き。応援したい

ケアマネの予測&ポイント

高血圧症、糖尿病があり、体重が増加気味。脳出血の再発リスクに留意する必要があります。血圧管理、食事管理をして健康管理をするとともに、本人の行動意欲を高める支援をします

この場合の**ニーズ**は…
糖尿病、高血圧症で、体重が増加気味だが、病気の悪化や再発を予防し、健康的な生活を送りたい

#脳梗塞 #左半身麻痺 #脳血管性認知症 #糖尿病 #意欲低下
#バイタイルサイン #体力向上

利用者の状態	原因	利用者などの意向
• 10年前に脳梗塞で左半身麻痺。脳血管性認知症、糖尿病がある • 半年前に脳梗塞が再発し、入院。退院後は体力・意欲が低下	• 脳梗塞、脳血管性認知症 • 糖尿病 • 左半身麻痺	本人 再発したくない。苦しむことなく生活したいです 長男 健康に過ごしてほしい

ケアマネの予測&ポイント

脳梗塞の既往歴もあり再発リスクへの対応が重要。血糖値とバイタルサインを管理し、体力向上、意欲向上できるように働きかけます

この場合の**ニーズ**は…
血糖値と日頃のバイタルサインに気をつけながら、脳梗塞の再発を防ぎ、健康に過ごしたい

#パーキンソン病　#高血圧症　#狭心症　#便秘症　#嚥下障害　#運動療法
#進行を遅らせたい

利用者の状態	原因	利用者などの意向
• 5年前にパーキンソン病を発症し、服薬治療中 • 高血圧症、狭心症、便秘症がある。嚥下障害がある	• パーキンソン病	(本人) 寝たきりにはなりたくない (妻) 病気の進行が心配。こわばりが強いため、転倒や骨折がないようにしたい

ケアマネの予測&ポイント

歩行を維持できることが本人のモチベーションにもなります。運動療法や服薬治療を続け、できるかぎり病気の進行を遅らせるとともに、悪化原因となる転倒や骨折には注意が必要です

この場合の**ニーズ**は…
パーキンソン病の治療を続け、歩行を維持して進行を遅らせたい

#肺炎　#膀胱炎　#意欲低下　#独居　#健康管理ができない
#自宅での生活を続けたい

利用者の状態	原因	利用者などの意向
• 肺炎、脱水、膀胱炎で入院し、退院となる。 • 意欲低下・体力低下があり、自分で健康管理が行えない	• 独居 • 意欲低下 • 不十分な食事で体力低下	(本人) この家で、このまま気ままに暮らす (甥) 心配だが、自分も両親の介護があり、面倒はみられない

ケアマネの予測&ポイント

独居であり、自分の健康管理が行えないため、再び体調を崩す危険性が高い状況です。食事の支援などをして体力を回復させ、日中の活動性を高める必要があります

この場合の**ニーズ**は…
一人暮らしで健康管理ができず、意欲と体力が低下しているが、寝たきりにならず、自宅での生活を続けたい

#虚血性心疾患 #高血圧症 #肺炎 #高齢による体力低下 #自宅での生活
#歩行能力 #経過観察

利用者の状態	原因	利用者などの意向
• 虚血性心疾患で心機能に高度障害、高血圧症あり。虚血性心疾患、肺炎による入退院を繰り返している。カテーテル治療できず、内服薬で加療中	• 虚血性心疾患 • 高齢（94歳）による体力低下	**本人** このまま家で生活したい **次男** 入院してもらいたくない

ケアマネの予測＆ポイント

寝たきりとならず、自宅での生活が続けられるよう支援します。そのためには、医学的管理のもと、歩行能力をいかに維持していくかがポイントとなります

この場合の**ニーズ**は…
虚血性心疾患により無理がきかないが、経過観察をしながら、安心して自宅での生活を続けたい

#慢性閉塞性肺疾患 #高血圧性心不全 #労作時呼吸苦 #めまいと嘔吐
#肺気腫 #在宅酸素療法 #訪問看護

利用者の状態	原因	利用者などの意向
• 4年前、慢性閉塞性肺疾患（COPD）、高血圧性心不全の診断。昨年末、労作時呼吸苦が続き、入院。在宅酸素療法を導入し、退院した。原因不明のめまいと嘔吐がある	• 肺気腫	**本人** 一人暮らしなので、体調が悪化したときに不安がある **長女** 調子よく過ごしてほしい

ケアマネの予測＆ポイント

めまいと嘔吐があり、本人が自宅で体調よく過ごせるようQOLを高める支援をしていきます。在宅酸素療法導入で、医療との連携が不可欠。訪問看護など医療サービスも必要です

この場合の**ニーズ**は…
一人暮らしで在宅酸素療法を受けているが、不安なく、安定した体調で暮らしたい

課題抽出例　ADL

視点 >>

日常生活動作について、している状況と支障となっている要因を把握していきます。

☑ここをチェック ✤

- □　一連の動作について、「できない」面だけでなく、「していること」「していないこと」「介助や環境の改善があればできそうなこと（可能性）」はあるか。
- □　具体的に、どのように一連の動作を行っているか。
- □　調子のよいときと悪いときの両方を把握しているか。

ニーズを抽出する際の注意点

Key ♂ ＡＤＬの自立支援

　ADL に影響を及ぼしている原因について、個人的要因（心身の機能、疾患、意欲など）、環境的要因の両面から把握し、どのような支援を行えば状態の維持・改善・向上につなげられるか、本人の自信や意欲の向上につなげられるかを考えます。

Key ♂ 廃用症候群の予防

　廃用症候群（生活不活発病）は、活動レベルの低下に着目することが大切といわれます。不活発になった原因（不必要な安静、疾患による痛み、環境の変化など）、生活全般を活性化するために何をするかといったことを把握する必要があります。

#筋力低下 #動作緩慢 # 関節リウマチ #運動量の不足 #夜間の排泄
#一人暮らし #排泄を失敗しないように

利用者の状態	原因	利用者などの意向
• トイレでの排泄は自分でできるが、筋力低下、動作緩慢がある • 特に夜間に、間に合わずに失敗することがある。また、ズボンが上げきれない	• 関節リウマチによる疼痛、筋力の低下、動作緩慢 • 運動量の不足	本人 動作がのろいが、一人暮らしなのでトイレくらい行けないと困る 長女 手伝ってあげたいけど、仕事がある

ケアマネの予測＆ポイント

排泄はほぼ自立していますが、夜間の排泄の失敗をなくすことで、さらに自立意欲を高められそうです

この場合の**ニーズ**は…
動作に時間がかかるため、夜間のトイレに間に合わないことがあるが、排泄を失敗しないようにしたい

#筋力低下 #足腰が弱い #関節リウマチ #できれば湯船に毎日入れるように
#心身改善効果 #自力 #自宅の湯船で入浴したい

利用者の状態	原因	利用者などの意向
• 筋力低下や疼痛があり、足腰が弱い • 疼痛緩和のため入浴は湯船で温まる必要があるが、湯船へのまたぎが自分ではできない	• 関節リウマチによる疼痛、筋力の低下	本人 できれば湯船に毎日入れるようになりたい 長女 毎日お風呂に入れてあげたいけど、仕事があり難しい

ケアマネの予測＆ポイント

入浴動作の自立の可能性を念頭において支援します。湯船にできるかぎり多く入れるようになることで、本人の心身改善効果が望めます

この場合の**ニーズ**は…
関節リウマチでの筋力低下や疼痛により、自力での湯船のまたぎが難しいが、自宅の湯船で入浴したい

#大腿骨頸部骨折 #立ち上がりはできる #歩けなくなった自覚はない
#アルツハイマー型認知症 #状態を維持・向上 #自立意欲

利用者の状態	原因	利用者などの意向
・歩行中に転倒し大腿骨頸部骨折。手術後、立ち上がりはできるが歩行はできない。歩けなくなった自覚はない ・車いすの移乗や移動に介助が必要	・大腿骨頸部骨折 ・アルツハイマー型認知症	(本人) 自分でもっと動きたい (長女) 転倒したら困るので、できれば動いてほしくない

ケアマネの予測&ポイント

立位動作はできますので、その状態を維持・向上できるよう支援し、本人の自立意欲を高めます

この場合のニーズは…
大腿骨頸部骨折により歩けなくなってしまったが、立ち上がることはできるので、自分で動きたい

#車いす自走 #常にベッドで過ごす #脳出血発症 #左上下肢麻痺
#筋力の低下 #家族に迷惑はかけたくない #家族以外の人の支援も導入

利用者の状態	原因	利用者などの意向
・起居動作、立位がおぼつかない。移動は車いす自走。トイレ、入浴は一部介助、準備があれば自分で洗面できる。食事摂取はベッド上でする。常にベッドで過ごす	・脳出血発症後、左上下肢麻痺 ・筋力の低下	(本人) こんな身体でいることがみじめ。家族に迷惑はかけたくない (嫁) 要求が多く、対応に困っている

ケアマネの予測&ポイント

車いすの自走を継続できるよう、本人の外出意欲を高めます。家族以外の人の支援も導入して、家族間のストレスを軽減します

この場合のニーズは…
麻痺や筋力低下があり、移乗や入浴に介助が必要だが、家族に負担をかけずに生活したい

#左上下肢麻痺 #歩行困難 #自立 #脳血管障害 #リハビリ #転倒予防
#生活行動範囲の拡大

利用者の状態	原因	利用者などの意向
• 左上下肢麻痺で歩行困難だが、4点杖で2メートルは歩ける。車いすでの移動は自立。食事、排泄動作はほぼ自立。入浴は一部介助が必要	• 脳血管障害の後遺症	**本人** もっと歩けるようになりたい **家族** 性格が明るいので助かる。本人の希望を応援したい

ケアマネの予測＆ポイント

リハビリを続けることで、歩行が安定し、さらに機能の回復・改善効果が望めます。転倒予防と生活行動範囲の拡大がポイントです

この場合の**ニーズ**は…
車いすの生活だが、安定して歩けるようになって、行動範囲を広げたい

#脳梗塞 #自分で食べられる #筋力低下 #意欲の低下
#左半身麻痺 #以前のように生活したい #理学療法士と相談

利用者の状態	原因	利用者などの意向
• 脳梗塞の再発後、身体を支えても立位がとれない • 車いすの自走をしていたが、再発後にできなくなった • 食事は右手でスプーンを使い、自分で食べられる	• 脳梗塞再発後の筋力低下、意欲の低下 • 左半身麻痺	**本人** 以前のように生活したい **家族** できれば再発前のように生活してほしい

ケアマネの予測＆ポイント

脳梗塞の再発後でも、できること、できなくなったことを明確にして、理学療法士と相談しながら、回復の可能性を探ります

この場合の**ニーズ**は…
脳梗塞の再発後、意欲と筋力が低下してしまったが、筋力をつけて再発前のような生活に戻りたい

#歩行困難　#進行性悪性脳腫瘍　#体力低下　#認知症　#転倒や転落
#事故の危険性を回避　#環境整備

利用者の状態	原因	利用者などの意向
・身体がやせており歩行困難。ゆっくりなら車いす自走可。自宅ではほぼ寝たきりだが、体調がよいと動け、ベッドから転落したり、転倒する	・進行性悪性脳腫瘍で体力低下 ・脳腫瘍からの認知症で注意力散漫	**本人** 転落しないようにしたい **家族** 特に夜にベッドから落ちないかと心配になる

ケアマネの予測＆ポイント

転倒や転落による事故の危険性を回避することが重要。安全に生活できるよう環境整備をします

この場合の**ニーズ**は…
注意力が散漫だが、体調が良ければ動けるため、ベッドからの転落や転倒の危険性があり、予防する必要がある

#ふらつき　#手のふるえ　#足のすくみ　#パーキンソン病
#寝返りができない　#福祉用具の活用　#寝たきりにならないよう

利用者の状態	原因	利用者などの意向
・寝返りや起き上がりができず、介助が必要 ・立てばゆっくり歩けるが、上体が左右にゆれてふらつきや手のふるえ、足のすくみがある。入浴は介助が必要	・パーキンソン病	**本人** 寝返りができないので背中が痛い **妻** 前に庭に出て転倒し、右ひじを骨折した。転倒しないようにしたい

ケアマネの予測＆ポイント

起居動作や寝返りは、福祉用具の活用で自立する可能性があります。日中離床できるよう援助し、寝たきりにならないようにしたいです

この場合の**ニーズ**は…
寝返りや起き上がりを自分でスムーズに行って、寝たきりにならないようにしたい

視点 >>

ADLを応用して行う、手段的日常生活動作（IADL）についての項目です。参加状況の評価も大切です。

☑ ここをチェック ✧✦

- □ 家事、金銭管理、服薬管理などそれぞれの行為について、「していること」「していないこと」「介助や環境を改善すればできそうなこと」は何か。
- □ 一連の動作のなかで、本人の参加できる行為があるか。
- □ 調理、洗濯、掃除などの家事に本人なりのこだわりがあるか。

ニーズを抽出する際の注意点

Key ♂ IADLの自立支援

特に軽度の利用者では、できない部分のみサポートするようにし、たとえば家事では「献立を考える」など、できる部分に本人が参加できるよう配慮します。本人の自信や意欲の向上につなげることが大切です。

Key ♂ 意欲を引き出す

高齢の認知症の人では、IADLは「できない」行為として安易に援助を入れてしまうことがあります。本人が何を望んでいるのか、意欲を引き出し、役割をもった生活ができるように支援します。

#指の変形　#家事はほとんどできない　#関節リウマチ　#筋力低下
#椎間板ヘルニア　#一人暮らし　#自助具

利用者の状態	原因	利用者などの意向
・指の変形や痛みで軽い物しか持てないため、家事はほとんどできない ・短縮ボタンを押し、姉妹と電話で近況を話すのが楽しみ	・関節リウマチによる筋力低下、椎間板ヘルニア ・一人暮らし	（本人）子どもにあまり負担をかけずに、できることを増やしたい （長女）1人でも快適に暮らしてほしい

ケアマネの予測&ポイント

筋力が弱くても使える自助具などを活用した自立援助と生活支援を行い、一人暮らしをサポートします

この場合の**ニーズ**は…
筋力低下や腰痛があり、家事全般に支援が必要だが、自分でもできることを増やし、自宅で快適に暮らしたい

#ものを運ぶことはできる　#集中力が低下　#アルツハイマー型認知症
#集中力の持続時間に配慮　#趣味を再開　#楽しみのある生活

利用者の状態	原因	利用者などの意向
・そのつど指示があれば、コーヒーを入れるといった一連の動作やものを運ぶことはできる。日常の家事は昔から行わない ・木工細工が好きで、以前は、棚や箱など簡単に作っていた	・集中力が低下 ・アルツハイマー型認知症	（本人）自分の作品を見てもらうと嬉しい （長女）病気の進行を遅らせるためにも、箱など作ってほしい

ケアマネの予測&ポイント

木工細工への興味はありますので、集中力の持続時間に配慮しつつ本人の意欲を引き出し、行動につなげていくことが重要です

この場合の**ニーズ**は…
集中力と判断力が低下しているが、趣味を再開して楽しみのある生活を送りたい

#衣類をたたむことはできる #料理が好き #一部介助が必要 #脳血管障害
#左上下肢麻痺 #自立意欲 #食事のしたくは自分でできるように

利用者の状態	原因	利用者などの意向
・掃除や洗濯は夫が行うが、取り込んだ衣類をたたむことはできる ・料理が好きだが、一部介助が必要	・脳血管障害の後遺症による左上下肢麻痺	**本人** 料理と食事のしたくは自分でできるようになりたい **夫** 日中は仕事で、なかなか手伝えないのでサポートしてほしい

ケアマネの予測&ポイント

現時点でできる作業を見きわめながら、家事を一緒に行い、できない部分をサポートします。さらに好きな料理を自分で作る目標設定をすることで、自立意欲を高めます

この場合の**ニーズ**は…
麻痺があるが、自分でできる家事は行い、料理と食事のしたくは自分でできるようになりたい

#左上下肢麻痺 #車いす #脳血管障害 #50代での発症
#意欲を応援 #生活機能の改善 #いずれは自分で運転

利用者の状態	原因	利用者などの意向
・左上下肢麻痺があり、生活は車いすだが、車の運転や旅行をしたいという意欲がある	・脳血管障害の後遺症による左上下肢麻痺 ・50代での発症	**本人** 車の免許証も更新した。いつか車の運転をして、家族と旅行に行きたい **家族** 応援したい

ケアマネの予測&ポイント

年齢も若く、生活を楽しみたいという気持ちが強いようです。安全に車を運転できるよう支援し、旅行やドライブなどの意欲を応援して生活機能の改善を図ります

この場合の**ニーズ**は…
麻痺があり、今は車いすの生活だが、安全に運転できるようになって、家族と旅行に行きたい

#片づけができない　#不衛生な環境　#意欲の低下　#生活不活発病
#介護者不在　#生活支援　#清潔への認識を強化

利用者の状態	原因	利用者などの意向
• 自宅内の片づけができない。ゴミや紙おむつが散乱し、不衛生な環境。洗濯も自分では行わず、汚れた衣服をずっと着ている • お金の管理は甥が行っている	• 意欲の低下 • 生活不活発病 • 介護者不在	**本人** やる気が起きないが、きれいなほうがいい **甥** 月1回しか来られない。サポートしてほしい

ケアマネの予測＆ポイント

生活不活発病と介護者の不在により、心身の機能が低下しています。生活支援を行って清潔への認識を強化し、本人の意欲を引き出したいと思います

この場合の**ニーズ**は…
意欲の低下があるが、自分で自宅の片づけをして、清潔な環境で暮らしたい

#吸入薬を自己使用　#慢性閉塞性肺疾患　#在宅酸素療法　#高血圧性心不全
#一人暮らし　#生活全般を支えていく必要

利用者の状態	原因	利用者などの意向
• めまい、嘔吐など体調悪く調理や掃除などができない • 1年前、運転免許証を返上したため、買い物ができない • 薬の飲み忘れはなく、吸入薬も自己使用	• 慢性閉塞性肺疾患（COPD）で在宅酸素療法 • 高血圧性心不全	**本人** 人に迷惑をかけずにずっと自宅で暮らしたい **長女** 遠くにいるため、月2回しか手伝えないのが申し訳ない

ケアマネの予測＆ポイント

体調不良により、家事全般が行えません。一人暮らしのため必要な支援を導入し、生活全般を支えていく必要があります

この場合の**ニーズ**は…
めまいや嘔吐など体調不良で家事全般ができないが、近所に迷惑をかけずに自宅で暮らしたい

#衛生面は不完全 #腰痛 #変形性膝関節症 #老人性うつ病
#意欲や機能低下 #外出への意欲を高めたい #自分でできる家事を増やしたい

利用者の状態	原因	利用者などの意向
•状態が良ければ簡単な掃除はできる。食事の用意や買い物、通院介助は娘夫婦が交代で行い、ときどき大学生の孫が泊まりに来て食事の用意をする。衛生面は不完全	•腰痛、変形性膝関節症 •夫の事故死や老人性うつ病による意欲や機能低下	**本人** 孫が来てくれるだけで嬉しい。できることは頑張ろうと思う **娘夫婦** 仕事が忙しいが、できることはしたい

ケアマネの予測＆ポイント

お孫さんの来訪が、本人のなぐさめになっています。無理せずにできる家事を支援するとともに、散歩など外出への意欲を高めたいと思います

この場合の**ニーズ**は…
気分が落ちこむことが多いが、娘夫婦に迷惑をかけずに、自分でできる家事を増やしたい

#多剤服用 #脳梗塞 #慢性心不全 #狭心症
#骨粗鬆症 #軽度の認知症 #一人暮らし #服薬管理

利用者の状態	原因	利用者などの意向
•掃除、洗濯、買い物、調理は一部介助が必要 •複数の医療機関を受診し、多剤服用。服薬管理は自分で行ってきたが、飲みまちがえや飲み過ぎなどがある	•脳梗塞、慢性心不全、狭心症、骨粗鬆症、軽度の認知症 •一人暮らし	**本人** 薬の飲みまちがいや飲み過ぎがないようにしたい

ケアマネの予測＆ポイント

今後の認知症の進行に備え、早急に服薬の管理体制を整える必要があります

この場合の**ニーズ**は…
複数の処方薬をもらっているが、もの忘れも多くなってきたため、服薬の管理をしっかりと行いたい

視点

認知機能の程度を確認します。症状の緩和や進行の予防なども含めて、理解しておくことが重要です。

☑ ここをチェック✨

- ☐ もの忘れや認知症の程度はどうか。それがどの程度暮らしの障害となっているのか。
- ☐ 認知症では中核症状（記憶障害、見当識障害、判断力低下）の程度、BPSD（認知症の行動・心理症状）の有無について。
- ☐ 本人や家族の思い、介護負担の確認はとれているか。

ニーズを抽出する際の注意点

Key ♂ 認知機能に応じて適切な対応を

認知機能に応じて適切な対応をすることにより、認知症状の緩和や進行の予防ができます。本人ができることは継続し、役割をもって生活を送れるようにします。今後起こりうる生活障害を予測したうえで予防的な対応をすることも必要です。

Key ♂ 認知症状への正しい理解と介護負担軽減

家族が認知症についてあまり理解していないと、対応のしかたがわからずストレスがたまります。専門医や認知症の家族会を紹介するなどして、家族に理解を促すと同時に不安感を解消し、介護負担を軽減する方法についても考える必要があります。

#アルツハイマー型認知症 #記憶障害 #見当識障害 #BPSD #不安で怖い
#心地よい空間 #毎日を安心して過ごせるように

利用者の状態	原因	利用者などの意向
• 最近のことが覚えられない。今いる場所がわからなくなる • 曜日や日にちがわからない • 不安な気持ちを訴えることが頻繁にある	• アルツハイマー型認知症による記憶障害、見当識障害、BPSD	**本人** 毎日不安で怖いのを助けてほしい **長女** 気持ちに余裕がなく、母の気持ちを受け止められない

ケアマネの予測＆ポイント

BPSD が起こっていると考えられます。適切なケアや療法的なアプローチで改善する見込みがあります

この場合のニーズは…
場所や人がわからず、不安な気持ちが大きいが、心地よい空間で毎日を安心して過ごせるようにしたい

#お金の管理にこだわり #もの忘れ #アルツハイマー型認知症 #記憶障害
#自分で管理していきたい #本人のこだわりや意欲

利用者の状態	原因	利用者などの意向
• 1か月前アルツハイマー型認知症と診断された • お金の管理にこだわりがあるが、最近もの忘れが多いことは、自覚している	• アルツハイマー型認知症による記憶障害	**本人** お金のことはこれまでどおり、自分で管理していきたい **嫁** 認知症状が出ているのに、これまでどおりで良いのか

ケアマネの予測＆ポイント

徐々にできなくなる部分も多くなりますが、本人のこだわりや意欲は大切にしていきます

この場合のニーズは…
もの忘れもあるが、お金のことはすべて人まかせにせず、自分でも決めたい

\#攻撃的な発言や態度 \#アルツハイマー型認知症 \#自分は病気ではない
\#家族と仲良くしたい \#介護者のストレス \#介護者の不安感を解消

利用者の状態	原因	利用者などの意向
•認知症の認識がなく、薬も服用しない。家族の行動や介護方法が常に不満で、攻撃的な発言や態度が多い	•アルツハイマー型認知症	**本人** 自分は病気ではない。家族と仲良くしたい **嫁** 自分でできないことがわかっていないので、困る

ケアマネの予測&ポイント

本人に認知症の認識がなく、また家族に攻撃的になることも多く、介護者のストレスが大きくなっています。定期的な受診やケアで、本人の不安感を解消する必要があります

この場合の**ニーズ**は…
イライラすることも多いが、おだやかな気持ちで家族と接し、毎日を過ごしていきたい

\#家のなかで迷う \#散歩中に迷子 \#夜眠れない \#アルツハイマー型認知症
\#短期記憶障害 \#見当識障害 \#夜ぐっすりと眠りたい

利用者の状態	原因	利用者などの意向
•会話は質問形式ですぐ忘れる。体調によってはトイレや風呂場がわからず家のなかで迷う。妻と近所へ散歩中に迷子になった •夜眠れないことが多い	•アルツハイマー型認知症による短期記憶障害、見当識障害	**本人** 夜ぐっすりと眠りたい **妻** 認知症の進行が心配。日中身体を動かし、夜寝てほしい

ケアマネの予測&ポイント

認知症による行動障害が目立ってきました。夜しっかりと眠れることが優先課題です。日中の運動量を増やし、生活リズムを正し、夫婦が安心して過ごせるように援助します

この場合の**ニーズ**は…
夜はぐっすりと眠って、夫婦でおだやかな生活を送りたい

認知

#会話の応答が遅かったり #脳血管性認知症 #認知機能の低下 #適切な認知症ケア #会話がかみあわない #いつまでも元気で #病気が進行しないようにしたい

利用者の状態	原因	利用者などの意向
• 会話の応答が遅かったり、かみあわないことがある • 家族の顔と名前は覚えている	• 脳血管性認知症 • 認知機能の低下	**本人** 私はよくわかっています。話もきちんとできる **長男** 認知症が進行しないでいてほしい

ケアマネの予測&ポイント

脳血管性認知症の理解を深め、適切な認知症ケアができるように援助していきます

この場合の**ニーズ**は…
会話がかみあわないことも多いが、いつまでも元気で、病気が進行しないようにしたい

#もの忘れ #こまめにメモ #加齢 #単調な生活
#会話をする機会 #毎日の楽しみ #日中の活動や交流

利用者の状態	原因	利用者などの意向
• 認知は確かで自分のことは自分で決定できる • 最近、もの忘れが多い自覚があり、こまめにメモをするようにしている	• 加齢 • 単調な生活	**本人** 最近、もの忘れが多くなった。認知症にはなりたくない **長男** 日中1人で会話をする機会がなく、本人が気にしている

ケアマネの予測&ポイント

単調な生活が認知症の発症誘因となることもあります。本人の生活のなかで毎日の楽しみとなるものを探し、日中の活動や交流に結びつけたいと思います

この場合の**ニーズ**は…
最近もの忘れが多く単調な生活で心配だが、認知症にならずにこのまま安心して暮らしていきたい

#精神的な不安定さ #もの忘れ #書類関係について不安を訴える #加齢
#精神的不安 #家族がいない #書類の整理を手伝ってほしい

利用者の状態	原因	利用者などの意向
・精神的な不安定さがある ・最近もの忘れが多いという自覚がある ・特に書類関係について不安を訴える	・加齢に伴うもの忘れ ・精神的不安	本人 家族がいないので、書類の整理を手伝ってほしい

ケアマネの予測&ポイント

書類の整理は、一緒に確認できるようにすることで、不安も解消されると思われます

この場合の**ニーズ**は…
もの忘れが多くなったが、自分で書類の管理を行いたいので手伝ってほしい

#短期記憶障害 #判断能力の低下 #施錠を忘れる #安全管理に不安
#脳血管性認知症 #一人暮らし #安全に生活を送りたい

利用者の状態	原因	利用者などの意向
・すぐ前のことがわからなくなるなどの短期記憶障害、判断能力の低下がある ・ドアの施錠を忘れることがあり、安全管理に不安がある	・脳血管性認知症 ・一人暮らし	本人 火事にならないか泥棒が入らないか。1人だし心配だ 長女 近所なので様子は見られる

ケアマネの予測&ポイント

今後、認知機能の低下に伴い、一人暮らしでも安全に暮らせる体制確保が必要になります

この場合の**ニーズ**は…
もの忘れがあり、一人暮らしで心配だが、不安なく安全に生活を送りたい

視点

行動障害について、周囲に与える影響、家族の理解や対応も含めて、具体的に確認します。

☑ ここをチェック

☐ 行動障害についての頻度、時間帯、経過、行動障害が生じるきっかけは何か。

☐ 服薬の状況、向精神薬の副作用などの影響はないか。

☐ 利用者・家族の望む生活、介護の意向を尊重しているか。

ニーズを抽出する際の注意点

Key ♂ 原因把握と利用者への理解

認知症の周辺症状（BPSD）として現れる、昼夜逆転などの行動障害がどのような原因・背景で現れているのかを把握し、利用者の行動を理解します。不安感や苦痛を軽減し、本人の自信や意欲の向上につなげるための支援を位置づける必要があります。

Key ♂ 認知症高齢者の意思の尊重、家族の観察

本人のできる部分や意思を尊重し、本人が何を望んでいるのかをくみ取ります。また、介護者と家族のこれまでの関係性や家族のストレスが虐待につながることもあり、家族の対応、様子についても分析をしておくことが必要です。

#認知症　#昼夜逆転　#不眠　#右大腿骨頸部骨折　#アルツハイマー型認知症
#夜間せん妄　#よく眠りたい　#生活リズムを正す

利用者の状態	原因	利用者などの意向
・認知症による昼夜逆転があり、週に3日は不眠 ・夜中頻繁に興奮し、ベッドから下りようとする ・家族が水分制限をしている	・アルツハイマー型認知症 ・日中の活動量減少 ・夜間せん妄	**本人** よく眠りたい **妻** 夜に落ち着いて眠れないし、私も睡眠不足となっている

ケアマネの予測&ポイント

日中の活動量を増やし、生活リズムを正す必要があります。水分量の減少なども関係していないか留意します

この場合の**ニーズ**は…
昼夜逆転を改善し、自分も家族も安心して生活したい

#自分で外に出ていきたがり　#警察官に保護　#アルツハイマー型認知症
#足腰はとても丈夫　#無理に散歩を止めても逆効果　#生活リズム　#安全に外出

利用者の状態	原因	利用者などの意向
・自分で外に出ていきたがり、長距離を歩く ・日が暮れても帰れず、先日警察官に保護された	・アルツハイマー型認知症	**本人** わからないことが多くなって困る **長男** 足腰はとても丈夫だが、外に出ていかないようにしたい

ケアマネの予測&ポイント

無理に散歩を止めても逆効果と思われます。毎日の生活リズムをつくり、安全に外出できるようなサポートを検討します

この場合の**ニーズ**は…
1人で出かけて道に迷い、帰れなくなることがあるが、安全に外出したい

#通所介護 #暴言を吐く #アルツハイマー型認知症 #攻撃的
#職員の配慮不足 #本人への理解 #気持ちよくみなと食事がしたい

利用者の状態	原因	利用者などの意向
・通所介護での食事中、自分の気に入らない人が近くに座ると暴言を吐く。職員への暴言も多い	・アルツハイマー型認知症 ・攻撃的な性格 ・職員の配慮不足	**本人** いやな人はいや。でも気持ちよくサービスは利用したい **長男** トラブルを起こさないでほしい

ケアマネの予測&ポイント

生活歴などの把握により、本人への理解を深め、支援方法を検討します

この場合の**ニーズ**は…
人に対して暴言を吐いてしまうことがあるが、気持ちよくみなと食事がしたい

#家族への反発心 #怒鳴ったりする #脳腫瘍 #短期記憶障害
#高次脳機能障害 #排便介助 #おむつはずし

利用者の状態	原因	利用者などの意向
・便が出ないとおむつの中に手を入れて肛門あたりを刺激するため、手が汚れている ・家族への反発心があり、話しかけると怒鳴ったりすることが多い	・脳腫瘍による認知症 ・短期記憶障害、高次脳機能障害	**本人** 気持ち悪いのはいや **長男** 正直、昼間は面倒を見られない

ケアマネの予測&ポイント

おむつをしていることの不快感が、行為の根底にあるようです。排便介助によりおむつをはずせる可能性もあります。まず、日中可能な範囲でおむつはずしを行っていきます

この場合の**ニーズ**は…
おむつの中に手を入れて汚してしまうことが多いが、不快な思いをすることなく、清潔に過ごしたい

#認知症　# 身体的には歩ける　#抑うつ状態　#不安　#涙が出る
#愛犬のはなちゃんの世話　#役割をもって過ごしたい

利用者の状態	原因	利用者などの意向
・認知症と診断されてから、うつ状態になっている ・身体的には歩けるのに、日中布団から起き上がれない。起きていてもテレビを見てぼんやりし、意欲が感じられない	・認知症の診断による抑うつ状態	本人 不安だし涙が出る。愛犬のはなちゃんの世話くらいはしたい 長女 前のように元気になってほしい

ケアマネの予測＆ポイント

愛犬のはなちゃんの世話をしたいという気持ちが、意欲を高めるきっかけになると思われます。毎日役割をもって生活できるよう支援します

この場合の**ニーズ**は…
何もやる気が起こらないことも多いが、愛犬のはなちゃんの世話をしながら、役割をもって過ごしたい

#介護抵抗　#同じ服で何日も寝ている　#不適切なケア
#清潔意識の低下　#本人の気持ちに沿った対応　#毎日着替え

利用者の状態	原因	利用者などの意向
・介護者を両手でつかみ、ひっかく、大声を出すなどの介護抵抗がある ・着替えができず、同じ服で何日も寝ていることがある	・不適切なケア ・介護時の不安感 ・清潔意識の低下 ・本人の性格	本人 身体は動かさないでほしいが、清潔なほうがいい 長女 着替えができないのはなんとかしてほしい

ケアマネの予測＆ポイント

ケアの際に、本人の気持ちに沿った対応をすれば、介護抵抗は軽減する可能性があります

この場合の**ニーズ**は…
身体を動かされることに抵抗があるが、毎日着替えをして、清潔に過ごせるようにしたい

#財布や本がないと頻繁に訴え　#アルツハイマー型認知症　#気持ちを理解
#不安感　#安心できる環境　#もの盗られ妄想　#信頼関係を築きたい

利用者の状態	原因	利用者などの意向
・自分の財布や本がないと頻繁に訴えがある ・財布を嫁にとられたと近所の人や訪問してきた人に言ってしまう	・アルツハイマー型認知症	**本人** 大事なものがなくならないようにしたいが嫁とは仲良くしたい **嫁** お義父さんの気持ちを理解して、対応したい

ケアマネの予測＆ポイント

本人の不安感もあり、妄想が大きくなっているようです。本人の気持ちに寄り添い、安心できる環境を整える必要があります

この場合の**ニーズ**は…
もの盗られ妄想があるが、人を攻撃せずに信頼関係を築きたい

#あてもなく歩く　#アルツハイマー型認知症　#夜眠れない
#一時的な短期施設入所　#徘徊　#生活リズム　#安心して眠れる

利用者の状態	原因	利用者などの意向
・夜間に、叫びだしたり、家の外へ出てあてもなく歩く ・夜間にたびたび起こされることで、高齢の妻が不眠となり、負担が大きくなっている	・アルツハイマー型認知症 ・日中の活動不足	**本人** 夜眠れない。安心して眠りたい **妻** 身体がもたない。夜ゆっくり眠りたい

ケアマネの予測＆ポイント

生活リズムが狂っているようです。妻の心身の負担も減らす必要があり、一時的な短期施設入所も考えられます

この場合の**ニーズ**は…
夜間の不穏や徘徊があるが、生活リズムを正し、夫婦で安心して眠れるようにしたい

課題抽出例 コミュニケーション能力

視点 >>

視覚、聴覚、言語などについて、支障のあること、支障の度合い、現在どのようなコミュニケーション方法をとっているのかを確認します。

☑ ここをチェック ✦

- □ コミュニケーションの障害となっている要因について、機能的な問題（視覚、聴覚、言語など）、精神的な問題（認知症での精神症状、性格の極端な偏りなど）、環境的な側面（新しい土地でなじめないなど）から把握しているか。
- □ 家族がどの程度協力しているか、利用者と家族との信頼関係があるか。

ニーズを抽出する際の注意点

Key ♂ 意思の伝達方法の確保

利用者の状態像に応じて、どのようなコミュニケーション手段や援助が必要か考えます。視覚や聴覚、言語障害では代替となる手段の確保、認知症では、非言語的コミュニケーションの活用などです。

Key ♂ 受容と共感の姿勢

コミュニケーションに障害がある場合、ケアをする際の対応も大切になります。利用者の思いに寄り添い、根気強く対応して利用者の意思をくみとり、支援に生かす視点が大切です。

コミュニケーション能力

#通常の会話はできる #耳鳴り #外出困難 #電話で話すのは楽しい
#耳鳴りがあるので疲れる #交流の場 #人と交流していたい

利用者の状態	原因	利用者などの意向
• 通常の会話はできる。姉妹と電話で話すが常に耳鳴りがある • 通院以外はほとんど外出がなく、交流が限られる	• 耳鳴り • 耳鳴りが気になり外出困難	**本人** 電話で話すのは楽しいが、耳鳴りがあるので疲れる。でも人と話していたい **長女** 耳鳴りが治ってほしい

ケアマネの予測＆ポイント

人とつながっていたいという気持ちが強いようです。耳鳴りへの対応をしつつ、電話以外にも交流の場を設けたいと思います

この場合のニーズは…
交流の場がなく寂しい思いもある。耳鳴りがあるが、いつも人と交流していたい

#主語のない会話 #指示語が多い #言葉が出てこない
#アルツハイマー型認知症 #いいたいことがある #スムーズに会話

利用者の状態	原因	利用者などの意向
• 「だれが」の主語のない会話や「あれ、これ」という指示語が多い • 言葉が出てこないで、何だっけ？ ということがある	• アルツハイマー型認知症	**本人** 言葉がなかなか出てこないけど、いいたいことがある **長女** もっとスムーズに会話をしたい

ケアマネの予測＆ポイント

何かを伝えたいという気持ちが強く、言葉が出てこないのがもどかしそうです。本人の伝えたいことを補えるようなケアが必要です

この場合のニーズは…
主語が抜けたり、言葉が出てこなくて会話が成立しないことが多いが、自分の思うことを伝えたい

#集中力が乏しい　#場の雰囲気とかけ離れた行動をとる　#躁うつ病
#妻以外とも話したい　#会話力をあげる　#会話の場面を増やしたい

利用者の状態	原因	利用者などの意向
・会話の途中で動き回ったり、集中力が乏しい ・食欲があり、他の人に出したお菓子を全部とってしまうなど場の雰囲気とかけ離れた行動をとる	・躁うつ病	本人 妻以外とも話したい 妻 外出して社会交流してもらいたい

ケアマネの予測＆ポイント

他者との会話の機会を増やして本人の精神的な安定を図ります

この場合の**ニーズ**は…
その場にそぐわない言動や行動をとることが多いが、会話の場面を増やして落ちついて人と交流したい

#目、耳には異常はない　#脳梗塞　#話がかみあわない　#脳血管性認知症
#このままでいたい　#会話が続けられるとよい　#コミュニケーション

利用者の状態	原因	利用者などの意向
・目、耳には異常はない ・脳梗塞の再発後、会話の受け答えにおいて応答がすぐになかったり、話がかみあわないことが増えた	・脳血管性認知症 ・脳梗塞の再発	本人 特に不自由はないので、このままでいたい 長男 会話が続けられるとよい

ケアマネの予測＆ポイント

スタッフのかかわり方や言葉かけをくふうし、コミュニケーションを欠かさないようにします

この場合の**ニーズ**は…
会話がかみあわないことも多いが、コミュニケーションを欠かさないようにしたい

コミュニケーション能力

#構音障害 #短く指示的な会話 #脳血管障害
#言語療法 #コミュニケーション #人に自分の気持ちを伝えたい

利用者の状態	原因	利用者などの意向
• 構音障害があり発音を正しくできないため、うまく話がかみあわない • 自分がうまく話せないため、短く、指示的な会話となる	• 脳血管障害の後遺症	**本人** うまく話せないのがもどかしいが気持ちを伝えたい **長男** もとのように話せるようになってほしい

ケアマネの予測＆ポイント

言語療法を続けることで改善可能性があります。上手に話せなくても臆せずコミュニケーションが継続できるようにします

この場合の**ニーズ**は…
構音障害があるため、思うように話せないが、人に自分の気持ちを伝えたい

#言葉がうまく出ない #家族以外とあまり話をしない #パーキンソン病
#言語療法 #会話を引き出せるような支援 #はっきり言葉が出るようにしたい

利用者の状態	原因	利用者などの意向
• 言葉がうまく出ないので、家族以外とあまり話をしない	• パーキンソン病	**本人** 言葉がはっきりと出るようになりたい **妻** 家族以外の人とも、自信をもって話してほしい

ケアマネの予測＆ポイント

本人がコミュニケーションに自信をもてるよう、言語療法を続けるとともに、会話を引き出せるような支援が必要です

この場合の**ニーズ**は…
パーキンソン病により言葉がうまく出ないが、はっきり言葉が出るようにしたい

#視力障害　#声かけによる指示や介助　#聴力、意思疎通は問題ない
#白内障　#毎日の生きがい　#生活全体の活性化を図る

利用者の状態	原因	利用者などの意向
・視力障害で明暗程度しかわからず、行動や生活すべてに長男の声かけによる指示や介助が必要となっている ・聴力、意思疎通は問題なく、話好きである	・白内障の放置	**本人** デイサービスでみなと楽しく話し、毎日の生きがいをもちたい **長男** 目が離せなくて心配

ケアマネの予測&ポイント

視力障害による不安感や介護の抱え込み、閉じこもりの防止が重要です。生活全体の活性化を図ることが必要です

この場合の**ニーズ**は…
目がよく見えないが、毎日を生きがいをもって暮らしたい

#筋力の低下　#筋萎縮性側索硬化症（ALS）　#コミュニケーション手段を確保
#いつでも意思疎通できる　#自分の思いを伝えたい

利用者の状態	原因	利用者などの意向
・ALSによる筋力の低下により、他人との意思疎通が難しくなってきた	・筋萎縮性側索硬化症（ALS）	**本人** 考えていることを伝えたい **妻** 意思の疎通が図れるようにしたい

ケアマネの予測&ポイント

パソコンなどコミュニケーション手段を確保することが重要。いつでも意思疎通できるよう環境整備をします

この場合の**ニーズ**は…
ALSにかかり、他人との意思疎通が難しくなってきたが、自分の思いを伝えたい

課題抽出例　社会とのかかわり

視点 >>>

社会への参加意欲、社会とのかかわりの変化、喪失感や孤独感の有無などについて確認します。

☑ ここをチェック ✦

- □ 利用者の趣味や家庭での活動、近隣の人や友人との交流、社会的活動（町内会、趣味サークルなど）はあるか。社会へのかかわりかたは変化しているか。
- □ 社会とのかかわりで支障となっていること、支援の必要の程度は？
- □ 喪失感や孤独感がある場合、その要因は何か。

ニーズを抽出する際の注意点

Key ♂ 自己肯定感や生きがいを引き出す

利用者のこれまでの社会や地域での役割を理解し、本人の自己肯定感や生きがいを引き出す視点が大切です。また、本人の趣味活動があれば、維持できるよう支援します。

Key ♂ 外出するきっかけづくり

近隣の人や友人との交流、商店街やなじみの美容院など、外出するきっかけづくりが大切です。外出することは、体力の維持や認知症の予防効果もあり、身だしなみに関心をもったり、おしゃれをしたいという気持ちにもつながります。

#筋力低下　#疼痛　#関節リウマチ　#一人暮らし　#睡眠障害
#話し相手がほしい　#社交的

利用者の状態	原因	利用者などの意向
• 筋力低下や疼痛があり、体調を崩しやすく、1人で外出ができないので社会との接点が少ない • たまに同じ趣味をもつ友人の訪問があり、話がはずむ	• 関節リウマチ • 一人暮らし • 睡眠障害	本人 話し相手がほしい 長女 母はもともと社交的。美容院に連れていくと楽しそう

ケアマネの予測&ポイント

定期的に外出する機会を設けることで、意欲の向上が望めます

この場合の**ニーズ**は…
筋力低下や痛みがあり、体調を崩しやすいが、閉じこもらず、人とのつながりはもっていたい

#夫の施設入所　#体調不良　#夫に会って元気を取り戻したい
#喪失感　#孤独感　#意欲の減退

利用者の状態	原因	利用者などの意向
• 施設に入所している夫のところに、以前は週に1回は面会のため、外出していた • 最近、体調不良が続き、面会に行けないため、寂しさが強まっている	• 夫の施設入所 • 体調不良	本人 夫に会えないので寂しい。会って元気を取り戻したい 長女 家が遠く、仕事も家庭もあり、面会に同行したいが難しくて申し訳ない

ケアマネの予測&ポイント

夫と会えないことで喪失感や孤独感が強まり、意欲の減退を招いているようです。定期的に夫と会えるようにサポートします

この場合の**ニーズ**は…
夫が施設に入所し寂しい。夫に定期的に会って、元気を取り戻したい

社会とのかかわり

#散歩 #集団行動が難しい #躁うつ病 #親しい人なら会って話したい
#交流の機会を設けたい #気分の変動が激しく #その場の雰囲気を楽しみたい

利用者の状態	原因	利用者などの意向
• 調子がよいときは、妻と運動のため、1時間くらいは散歩をし、店に立ち寄る • 集団行動が難しいが、声かけがあればおだやかに話をし、その場の雰囲気を楽しめる	• 躁うつ病	**本人** 親しい人なら会って話したい **妻** 夫婦だけでは、世間が狭くなってしまうので交流の機会を設けたい

ケアマネの予測&ポイント

躁うつ病のため、状況に応じ、対応に気をつけ無理をしないようにします。定期的に夫婦以外の人と交流をもつ機会を設けます

この場合の**ニーズ**は…
気分の変動が激しく集団行動が難しいが、おだやかに会話をしたり、その場の雰囲気を楽しみたい

#定期的に電話 #麻痺 #歩行練習中 #脳血管障害 #一緒に旅行
#希望を大切に #少しずつ行動範囲を広げられるよう支援

利用者の状態	原因	利用者などの意向
• 妹と定期的に電話で話す • 麻痺があり、歩行練習中だが、不安定。1人で外に出られないため、外出頻度は週1回	• 脳血管障害の後遺症による麻痺	**本人** もう少し歩けるようになったら、妹と列車に乗って、京都や奈良に行きたい **妹** 以前のように一緒に旅行に行きたい

ケアマネの予測&ポイント

旅行に行きたいという希望を大切にして、目標設定をしながら、少しずつ行動範囲を広げられるよう支援をしていきます

この場合の**ニーズ**は…
今は歩行が困難だが、妹と列車に乗って、京都や奈良に旅行ができるようになりたい

#身内や友人が少ない #脳血管性認知症 #1人で外に出るのは不安
#外出を支援 #自立意欲 #もの忘れ #外に出て季節を感じたい

利用者の状態	原因	利用者などの意向
・長男は他県在住（遠方）。妻は5年前に他界し、訪れてくるような友人はいない ・外へ出て帰れなくなってから、ほとんど外出することはない	・身内や友人が少ない ・脳血管性認知症 ・1人で外に出るのは不安	**本人** 花見の季節には、外に出てみたくなる **長男** 私が連れ出すことは難しい

ケアマネの予測&ポイント

近所の公園などへの外出を支援することで、生活が活性化し、自立意欲が高まると考えられます

この場合の**ニーズ**は…
もの忘れがあり、1人で外に出ることができなくなってしまったが、もう一度外に出て季節を感じたい

#気力がない #うつ #意欲の低下 #臥床生活 #活動性が低下
#おしゃれへの興味や関心 #おしゃれをして外出

利用者の状態	原因	利用者などの意向
・以前はデパートで買い物をするのが趣味で衣類（おしゃれ着）もたくさんある ・自分から着替えて外出しようという気力がない	・うつ ・意欲の低下	**本人** 外に出る自信がないが、美容院くらいには行ってきれいにしていたい **長女** おしゃれを楽しんでほしい

ケアマネの予測&ポイント

臥床生活が長く、全体的な活動性が低下しています。おしゃれへの興味や関心はあると思われ、動機づけにできればと思います

この場合の**ニーズ**は…
行動意欲が低下しているが、おしゃれをして外出できるようになりたい

社会とのかかわり

#リハビリ中　#囲碁仲間　#脳血管障害　#麻痺　#仲間と会いたい
#集団でのサービス利用はいや　#楽しみを支援

利用者の状態	原因	利用者などの意向
• 歩行リハビリ中で、自分からはあまり外出しないが、近所に囲碁仲間がいる • 集団での行動は好まない	• 脳血管障害の後遺症による麻痺	**本人** 仲間と会いたい。集団でのサービス利用はいや **妻** 囲碁仲間と話しているときはおだやか

ケアマネの予測&ポイント

囲碁仲間との交流という楽しみを支援することで、リハビリに意欲をもって取り組めるなど、状態の改善への動機につながります

この場合の**ニーズ**は…
脳血管障害の後遺症で麻痺が残り、外出の機会が減ったが、仲間との囲碁が続けられるようにしたい

#息切れ　#医師は歩くことを奨励　#愛犬仲間　#肺気腫
#在宅酸素療法　#体力低下を防ぐ　#愛犬モモちゃんとの散歩を再開

利用者の状態	原因	利用者などの意向
• 息切れがあり、退院後は外になかなか出られない。医師は歩くことを奨励している • 近所に愛犬仲間がいる	• 肺気腫 • 在宅酸素療法を行っている	**本人** 愛犬のモモちゃんを散歩させたいが不安 **長女** なかなか援助に行けないので、支援してほしい

ケアマネの予測&ポイント

肺気腫では、体力低下を防ぐことも重要。モモちゃんの散歩を日課とし、安心して外に出られるように支援します

この場合の**ニーズ**は…
息切れがあるが、愛犬モモちゃんとの散歩を再開できるようになりたい

課題抽出例 排尿・排便

視点 >>>

失禁の状況や排尿・排便の後始末について、その原因や背景を含めて把握します。

☑ここをチェック ✦

- ☐ 尿意・便意の有無、失禁の有無、認知症状の有無は？
- ☐ 排泄はどのような手段で、どのように行っているか。
- ☐ 排泄物の状態により健康状態の確認はできているか。
- ☐ 昼間の水分摂取量や食事量、下剤の服用状況が失禁などに関係しているかどうか。

ニーズを抽出する際の注意点

Key ♂ 羞恥心への配慮と人格の尊重

　排泄については、利用者にとっては羞恥心を感じる領域であり、個人の尊厳に配慮した対応が必要です。おむつなどの安易な使用は、本人の身体機能低下、自信低下につながり、認知症状の誘発や悪化にもつながります。

Key ♂ 安心、安全な環境と排泄の自立への支援

　残存機能を活用し、自立した排泄ができるようなくふうが大切です。安心して、安全に排泄できる環境を整備します。また、24時間のなかで、本人の能力や介護力にあわせた排泄方法を選択することも必要です（夜間のみポータブルトイレ、尿取りパッドなど）。

#失禁 #脳血管障害 #麻痺 #トイレに失敗したくない
#転倒しないようにしてほしい #動作のサポート #環境の改善

利用者の状態	原因	利用者などの意向
•動作に時間がかかるため、トイレに間に合わずに失禁してしまうことがある	•脳血管障害の後遺症による麻痺	**本人** トイレに失敗したくない。トイレに間に合うようにしたい **長女** 転倒しないようにしてほしい

ケアマネの予測＆ポイント

トイレまでの動作のサポートや環境の改善により、失禁は改善する見込みがあります

この場合の**ニーズ**は…
動作に時間がかかるため、トイレに間に合わないことがあるが、1人でも排泄を失敗しないようにしたい

#便秘症 #下剤 #運動量の不足 #筋力の低下 #便秘による不快感を解消
#食事や運動によるアプローチ #気持ちよく過ごしたい

利用者の状態	原因	利用者などの意向
•便秘症のため、下剤を服用している	•運動量の不足 •筋力の低下	**本人** 気持ちよく過ごしたい。便秘症なので、薬は続けたい **妻** 夫の気分がよくなるようにしてほしい

ケアマネの予測＆ポイント

便秘による不快感を解消するため、下剤服用による調整を続けつつ、食事や運動によるアプローチも検討します

この場合の**ニーズ**は…
便秘による不快感を緩和して、気持ちよく過ごしたい

#トイレ介助　#アルツハイマー型認知症　#機能性尿失禁
#衣服をぬらしたくない　#恥ずかしい　#本人の自尊心に配慮

利用者の状態	原因	利用者などの意向
・尿意を訴えることができず、日中は家族が時間を計ってトイレ介助している ・失禁で衣服が汚れると、「どうしたんだろう」という言葉から恥じらいがみられる	・アルツハイマー型認知症 ・機能性尿失禁	**本人** 衣服をぬらしたくないし、恥ずかしい **長女** 失禁があると怒ってしまうことがあるので、怒らないようにしたい

ケアマネの予測&ポイント

本人の自尊心に配慮しつつ、尿失禁の状態にあわせた支援をします

この場合の**ニーズ**は…
尿意を訴えることができず、失禁してしまうことがあるが、恥ずかしい思いをすることなく気持ちよく過ごしたい

#排泄　#トイレをがまん　#下腹部痛　#アルツハイマー型認知症
#筋力低下　#ベッドからの立ち上がりをサポート　#なるべく介助を受けたくない

利用者の状態	原因	利用者などの意向
・車いすで自分でトイレに行くが、ベッドでの立ち上がり動作が遅く、失敗することがある。排泄へのこだわりもあり、トイレをがまんしてしまう。原因不明の下腹部痛がある	・アルツハイマー型認知症 ・筋力低下	**本人** トイレは自分で行きたいときに行くのがよい **長女** トイレをがまんしてほしくない

ケアマネの予測&ポイント

自分なりのこだわりがあるため、ベッドからの立ち上がりをサポートできるよう援助します

この場合の**ニーズ**は…
立ち上がりに時間がかかるが、排泄へのこだわりもあり、なるべく介助を受けたくない

課題抽出例 **排尿・排便**

#常時尿失禁 #軟便剤 #浣腸座薬 #脳血管性認知症
#たまにはトイレにも行きたい #おむつはずし #トイレで排泄したい意欲

利用者の状態	原因	利用者などの意向
• 尿意、便意ともになく、常時尿失禁のため、昼夜おむつをしている。毎晩軟便剤を服用、3日間排便がないときは浣腸座薬を挿入。週に何回か、トイレに行きたいとの訴えをする	• 脳血管性認知症	**本人** たまにはトイレにも行きたい **長男** おむつを頻繁に替えて、きれいにしていただきたい

ケアマネの予測&ポイント

長期間のおむつ使用をされていますが、本人にトイレでの排泄の記憶や、トイレで排泄したいという気持ちがあります。おむつはずしを検討していくことも必要です

この場合の**ニーズ**は…
尿意・便意がなく、昼夜おむつをしているが、トイレで排泄したい意欲がある

#ターミナル期 #内服 #摘便 #尿失禁状態 #進行性の悪性脳腫瘍
#体力が低下 #定期的な排便管理

利用者の状態	原因	利用者などの意向
• ターミナル期で自力での排便が難しいため、内服と摘便で処置 • 尿失禁状態で、昼夜紙おむつを使用	• 進行性の悪性脳腫瘍 • 全体的な体力が低下	**本人** 苦しくなくこのまま家で暮らせればよい **姪** 本人が苦しくないようにしてほしい

ケアマネの予測&ポイント

ターミナル期にあり、定期的な排尿・排便管理が不可欠です

この場合の**ニーズ**は…
自力で排便をすることができないため、定期的な排便管理が必要である

#排泄感覚が低下　#意欲の低下　#介護者の不在　#清潔ケア　#入浴ケア
#清潔への認識　#清潔な身体でいたい

利用者の状態	原因	利用者などの意向
• 紙パンツを常用。排泄感覚が低下しており、紙パンツから尿もれがしている	• 意欲の低下による排泄感覚の低下 • 介護者の不在	(本人) あまり汚れている感覚はないが、きれいではいたい (長男) 仕事が忙しく、介護できない。申し訳ない

ケアマネの予測＆ポイント

定期的な清潔ケア、入浴ケアの援助をケアプランに入れることで、本人に本来ある清潔への認識を高めていきます

この場合の**ニーズ**は…
意欲の低下があるが、尿もれなどをなくし、清潔な身体でいたい

#便秘症　#下痢　#アルツハイマー型認知症　#環境整備　#声かけ　#夜間のトイレ

利用者の状態	原因	利用者などの意向
• 日中は失敗がないが、夜間はトイレの場所がわからなくなり、失敗が多い • 便秘症で、薬の調節を失敗して、下痢することがある	• アルツハイマー型認知症	(本人) 昼も夜もトイレのことで迷惑はかけたくない (長女) トイレのことは解決してほしい

ケアマネの予測＆ポイント

本人が、夜間のトイレのことを気にしています。失敗しないような環境整備や声かけで、失禁は改善する可能性があります

この場合の**ニーズ**は…
自分で夜間のトイレも失敗なく行えるようになりたい

課題抽出例 褥瘡・皮膚の問題

視点 >>>

褥瘡（床ずれ）など皮膚疾患の有無と日常生活に及ぼす影響について確認をします。

☑ ここをチェック ✦✦

☐　栄養状態はどうか。
☐　体圧分散、体位変換はできているのか。
☐　感染症予防対策はできているのか。
☐　皮膚の状態、清潔状態はどうか。

ニーズを抽出する際の注意点

Key ♂ 予防介護の視点

　褥瘡は、体重による圧迫が身体に継続的にかかることにより起こり、身体の突起部分にできやすく、低栄養や不潔、湿潤などが、発症誘因になります。現在は褥瘡が生じていなくても、発生リスクを予測し、予防するための援助が重要です。

Key ♂ 感染症への予防

　高齢者に多い皮膚疾患は、老人性掻痒症、湿疹、疥癬などです。症状が生じたら、痒みや痛みの強さ、感染症予防に努めることが重要となります。身体清潔を保ち、家族に対しても、介護知識や理解を深める支援が大切です。

#手足指の変形　#ただれやすい　#水虫　#外用薬　#腰椎椎間板ヘルニア
#指接触　#水虫を早く治したい

利用者の状態	原因	利用者などの意向
・手足指の変形で、接触部が赤くただれやすい ・水虫があり、外用薬をつけている ・腰椎椎間板ヘルニアで常時コルセットをしている	・関節変形による指接触 ・腰部のコルセット	本人 水虫を早く治したい 長女 いろいろ病気があるが、心配なく過ごしてほしい

ケアマネの予測＆ポイント

医療とのかかわりが必要です。皮膚のトラブルを抑えるようにします

この場合の**ニーズ**は…
手足指の変形があるため、水虫や皮膚のトラブルが頻繁にあり不安だが、医療とのかかわりで安心して生活できるようにしたい

#夜間はおむつ　#じっと座っている　#アルツハイマー型認知症
#褥瘡予防　#苦痛なく過ごしたい　#褥瘡ができないようにしたい

利用者の状態	原因	利用者などの意向
・立ち上がりや寝返りの能力はあるが、自ら褥瘡予防に有効な動作はできない。夜間はおむつでの排尿により臀部が湿っている。車いすでは腰や尻を動かすことなくじっと座っている	・アルツハイマー型認知症のため自分で褥瘡予防に有用な動作ができない	本人 苦痛なく過ごしたい 妻 褥瘡ができないようにしたい

ケアマネの予測＆ポイント

現在は褥瘡はできていませんが、発生リスクが高いといえます

この場合の**ニーズ**は…
自分で判断して身体を動かしにくいが、褥瘡を予防し、苦痛なく過ごしたい

褥瘡・皮膚の問題

#皮膚に異常はない #昼夜とも寝ている #水虫 #うつ状態 #寝たきり
#施設で入浴 #皮膚のトラブルを予防

利用者の状態	原因	利用者などの意向
• 皮膚に異常はないが、昼夜とも寝ていることが多い • 清拭のみで入浴はしていない • 水虫があるが、処置はしている	• うつ状態 • 水虫	**本人** 特に希望することはない **妻** 身体をよく見ることができないので心配である

ケアマネの予測&ポイント

寝たきりでいることが多く、皮膚状態の見守りがありません。施設で入浴できれば、妻の安心につながります

この場合の**ニーズ**は…
昼夜寝ていることが多いため、皮膚のトラブルを予防し、安心につなげたい

#寝返りができない #糖尿病 #昼夜おむつ使用 #臀部が湿潤
#仙骨部に褥瘡 #体位交換不足 #除圧不足

利用者の状態	原因	利用者などの意向
• 自分で寝返りができない • 糖尿病がある • 昼夜おむつ使用で、排尿により臀部が湿潤している • 仙骨部に褥瘡がある	• 体位交換不足、除圧不足 • おむつの常時使用	**本人** 尻が痛いのを治したい **長男** 褥瘡は早く治してほしい

ケアマネの予測&ポイント

糖尿病があり、褥瘡ができやすく治癒しにくいことも検討課題。医師と相談し、まず現在の褥瘡を治療する必要があります。同時に予防介護を行っていきます

この場合の**ニーズ**は…
仙骨部に床ずれがあり、治癒しにくい状態だが、完治させて痛みなく過ごしたい

#寝ていることが多い　#仙骨付近が赤くなる　#食欲がない
#栄養状態が悪い　#栄養の改善　#体位変換　#予防介護

利用者の状態	原因	利用者などの意向
・やせており、仙骨付近に痛みを感じる ・食欲がない ・栄養状態が悪い	・寝ていることが多い	本人 腰のあたりが痛いのを治したい 長男 快適に過ごしてもらいたい

ケアマネの予測&ポイント

寝ていることが多く、体格もやせているため褥瘡発生のリスクが高いといえます。まず栄養の改善や体位変換などの予防介護が必要です

この場合の**ニーズ**は…
寝ていることが多くやせているが、栄養状態を改善して、床ずれをつくらないようにしたい

#全身の痛み　#腹部膨満感　#気分の低下　#嘔吐　#肝硬変　#慢性腎不全
#夫は高齢

利用者の状態	原因	利用者などの意向
・全身の痛みや腹部膨満感で寝返りができず、背中の痛みもある ・おむつ使用。清拭もうまくできない ・気分の低下や嘔吐があり栄養面が不十分	・肝硬変 ・慢性腎不全	本人 床ずれをつくらないようにしてほしいが、夫に負担はかけたくない 夫 上手に介護ができなくて申し訳ない

ケアマネの予測&ポイント

夫は高齢で1人で介護を担っています。介護負担を軽減しながら、栄養状態を改善し、褥瘡発生リスクを軽減できるよう支援します

この場合の**ニーズ**は…
体調が低下し、自分では寝返りができないが、夫の負担を軽減しながら床ずれをつくらないようにしたい

課題抽出例 褥瘡・皮膚の問題

#背中の痛み #パーキンソン病 #褥瘡の発生リスク #福祉用具
#身体を清潔に #床ずれ

利用者の状態	原因	利用者などの意向
• 自分で寝返りや起き上がりができず、背中が圧迫されている • 背中の痛みがある	• パーキンソン病	**本人** 背中が痛いのがつらい **夫** 背中の痛みをよくしてあげたい

ケアマネの予測&ポイント

今の状態では、褥瘡の発生リスクが高いです。寝返りは福祉用具の活用で自立できる可能性があります。皮膚状態は継続して見守っていく必要があります

この場合の**ニーズ**は…
パーキンソン病があるが、身体を清潔にし、床ずれをつくらないように予防する必要がある

#褥瘡 #寝たきり #意欲の低下 #介護者の不在
#入院はいや #栄養面の改善 #清潔ケア

利用者の状態	原因	利用者などの意向
• 臀部仙骨腸骨にステージ3の褥瘡で処置されていない • ひどくやせている	• 寝たきり • 意欲の低下 • 介護者の不在	**本人** 入院はいやだが、今の痛みを軽くしてほしい

ケアマネの予測&ポイント

早急に褥瘡の治療をし、医学的管理、栄養面の改善、清潔ケア継続などの支援が必要です

この場合の**ニーズ**は…
硬い布団で寝返りも打てず、床ずれが重度化している。床ずれを治して痛みを軽くしたい

課題抽出例 **口腔衛生**

視点 >>>

歯、口腔内の状態や口腔衛生の状況について確認し、口腔内の清潔保持の支障となっている課題を把握します。

☑ ここをチェック✦

- ☐ 残存歯、義歯の有無、清掃状態などはどうか。
- ☐ 口腔内の炎症や出血などはあるか。
- ☐ 口臭の有無、口腔内の清潔状態はどうか。
- ☐ 残存歯や義歯の状態、そしゃく機能や口腔麻痺の有無は？
- ☐ 認知症の有無、麻痺の有無は？

ニーズを抽出する際の注意点

Key ♂口腔衛生の管理

　口腔内の状態悪化は、嚥下機能低下や全身の状態にも関連します。また、高齢者は唾液分泌量の減少により口腔内の自浄作用が低下し、不潔になりやすく、筋力の低下から嚥下障害などもみられます。誤嚥性肺炎を予防するためにも、口腔内の清潔保持への視点が大切です。

Key ♂認知症への対応

　利用者に認知症がある場合、声かけなどで食後の歯磨きを習慣づける援助をしたり、利用者が理解できるような言葉で話しかけ、安心感を与えるなどの対応を取り入れることが大切です。

口腔衛生

#すべて自分の歯 #手指の変形 #関節リウマチ #握力の低下 #福祉用具
#自助具 #健康な歯

利用者の状態	原因	利用者などの意向
• すべて自分の歯 • 虫歯の治療が先日終わった • 手指の変形で歯磨きがしづらい	• 関節リウマチによる手指の変形と痛み • 握力の低下	**本人** 十分な歯磨きができないが、虫歯にならないように気をつけておいしく食事をしたい **長女** 虫歯の治療が終わりほっとしている

ケアマネの予測＆ポイント

適切な福祉用具や自助具の活用をすれば、本人の負担も軽くなり、動作がスムーズになります

この場合の**ニーズ**は…

手指の痛みにより十分な歯磨きができないが、いつまでも健康な歯でおいしく食事をしたい

#残存歯が8本 #舌苔 #口臭 #認知症 #実行機能障害 #一部介助
#口の中が気持ち悪いのでさっぱりしたい

利用者の状態	原因	利用者などの意向
• 残存歯が8本 • 舌苔があり、口臭がある • コップと水を用意し声かけをすれば自分でうがいはできるが、歯磨きはできない	• 認知症による実行機能障害	**本人** 口の中が気持ち悪いのでさっぱりしたい **長女** うまく介助できない。手伝ってほしい

ケアマネの予測＆ポイント

判断能力が欠けていますが、そのつど声かけや一部介助をすれば、自分でも歯磨きができる可能性があります

この場合の**ニーズ**は…

自分で歯磨きができないが、口の中をさっぱりさせて気持ちよく過ごしたい

#総義歯 #舌苔 #自分で磨こうとしない #磨かれることが嫌い
#誤嚥性肺炎 #嫌な思いをしないで口腔内を清潔にしたい

利用者の状態	原因	利用者などの意向
• 総義歯、舌苔が著しい • 舌を介助で磨かれることは嫌いだが、促しても自分で磨かない • 水を口に含むことはできるが、うがいはできない	• 自分で磨こうとしない • 磨かれることが嫌い	**本人** きれいなほうがいいが、歯磨きされるのは嫌い **長男** 清潔にしてほしい

ケアマネの予測&ポイント

舌苔は誤嚥性肺炎などの原因ともなるため、舌の状態を早急に改善しましょう。本人が舌磨きに不快な気持ちをもたないよう支援を検討します

この場合の**ニーズ**は…
舌苔があるが、嫌な思いをしないで口腔内を清潔にしたい

#歯磨き #体力の低下 #意欲の低下 #介護者の不在 #意欲を促す
#口腔ケアへの誘導 #定期的に歯磨き

利用者の状態	原因	利用者などの意向
• 歯磨きがまったくされていない	• 体力の低下 • 意欲の低下 • 介護者の不在	**本人** 不都合はないが、歯磨きをしたほうがよいかもしれない

ケアマネの予測&ポイント

本人の意欲を促すために、定期的にサービスにおいて口腔ケアへの誘導を行います

この場合の**ニーズ**は…
意欲が低下しているが、定期的に歯磨きを行っていきたい

口腔衛生

#口腔衛生 #義歯が不適合 #体力・意欲の低下 #介護者の不在
#毎日の食事をおいしく食べたい #栄養状態が不良 #義歯の不具合を解決

利用者の状態	原因	利用者などの意向
・口腔衛生は手つかず ・歯がほとんどなく、義歯が不適合	・体力・意欲の低下 ・介護者の不在	**本人** 毎日の食事をおいしく食べたい

ケアマネの予測＆ポイント

口腔衛生がされておらず、かむことがあまりできないため、栄養状態が不良です。早急に義歯の不具合を解決し、おいしく食べられるよう援助します

この場合の**ニーズ**は…
入れ歯を調整して毎日の食事をおいしく食べられるようにしたい

#総義歯 #自分で磨く #慢性閉塞性肺疾患 #呼吸器疾患 #誤嚥性肺炎
#口腔の清潔ケア #体調に波

利用者の状態	原因	利用者などの意向
・総義歯 ・自分で磨くが体調によってできないことも多い	・慢性閉塞性肺疾患による体調不良	**本人** 体調が悪いときは歯磨きを手伝ってほしい **長女** 遠くに住んでいるので、細かい介助ができない

ケアマネの予測＆ポイント

呼吸器疾患があり、誤嚥性肺炎には注意が必要です。口腔の清潔ケアには特に気を配り、必要なサポートを入れていきます

この場合の**ニーズ**は…
慢性閉塞性肺疾患により体調に波があるが、できるときは自分で歯磨きをして誤嚥性肺炎を防ぎたい

#総入れ歯　#口腔ケア　#老人性うつ病　#意欲の低下　#精神的な面
#入れ歯の手入れ

利用者の状態	原因	利用者などの意向
・総入れ歯 ・自分で洗面所で口腔ケアをするが、しないことも多い	・老人性うつ病 ・意欲の低下	本人 毎日できないことが多いのを気をつけたい 長女 気分よく過ごしてもらいたい

ケアマネの予測＆ポイント

精神的な面でのサポートも必要です。規則正しく口腔ケアができるように支援します

この場合の**ニーズ**は…
何もする気が起きないことも多いが、自分の入れ歯の手入れを忘れずに、しっかりと行っていきたい

#麻痺　#うまく口を動かせない　#脳血管障害　#きれいな歯でいたい
#口腔衛生　#リハビリテーション　#口腔介助

利用者の状態	原因	利用者などの意向
・麻痺があり、うまく口を動かせない ・磨けているところと磨けていないところの差が激しい	・脳血管障害の後遺症による麻痺	本人 うまく磨けないがきれいな歯でいたい 長男 自分でやろうとする気持ちが強い

ケアマネの予測＆ポイント

本人の口腔衛生への意識は高いです。リハビリテーションによる機能改善と口腔介助の両面でサポートします

この場合の**ニーズ**は…
麻痺があり、思うように口が動かせないが、きれいな歯でいたい

視点 >>>

栄養状態や食事の回数、水分量などを確認し、健康状態に及ぼす影響について把握します。

☑ ここをチェック ⁺✦

- ☐ 食事摂取状況、栄養状態、食事回数、水分量の確認をしているか。
- ☐ 調理形態について確認しているか。
- ☐ 食欲不振がある場合の原因を把握しているか。
- ☐ そしゃく機能や嚥下機能、麻痺の把握をしているか。
- ☐ 経管栄養をしている利用者では、その方法や回数などを確認しているか。

ニーズを抽出する際の注意点

Key ♂ **食事摂取状況の管理**

食事摂取量を確認し、食欲の低下がある場合は、その原因についてアセスメントをします。摂食動作の不自由、歯、口腔の問題、嚥下機能の障害、精神的な問題など、原因に応じた対策をします。

Key ♂ **体調管理**

食事は高齢者にとって、身体に必要な栄養やエネルギー源を摂取し、生命や健康を維持するための大切なものです。利用者の状態に合った食事摂取の方法や形態へのくふうも行い、必要十分な栄養がとれるような支援を行います。

#普通食　#関節リウマチ　#筋力の低下　#一人暮らし　#食べることが好き
#訪問介護　#温かいものをおいしく食べたい

利用者の状態	原因	利用者などの意向
・普通食を1日3回 ・力がないので、スプーンに乗せやすい形に小さく切る必要がある ・食事を用意してもらえば、両手を使い、電子レンジで温めてスプーンを使用し食べることができる	・関節リウマチ ・筋力の低下 ・一人暮らし	**本人** 食べることが好き。温かい料理が食べたい **長女** 体調をくずさないでしっかり食べてほしい

ケアマネの予測＆ポイント

自分で調理することは難しくても、食事は本人の大きな楽しみとなっています。一人暮らしなので、訪問介護のサポートも入れて、希望をかなえていきます

この場合の**ニーズ**は…
関節リウマチによる筋力の低下で調理は難しいが、食べることが好きなので、温かいものをおいしく食べたい

#高カリウム　#果物が好き　#腎機能低下　#果物を食べると幸せを感じる
#検査　#血中カリウム値を維持　#経過観察

利用者の状態	原因	利用者などの意向
・血中カリウム値が高くなりがちで、医師からは高カリウムにならないよう指示されている ・カリウムの高い果物が好き	・腎機能低下	**本人** 果物を食べると幸せを感じる **長女** 通院により検査を続けたい

ケアマネの予測＆ポイント

安全な血中カリウム値を維持できるよう経過観察をし、好きな果物も適度に食べられるように支援します

この場合の**ニーズ**は…
医師からカリウムをとりすぎないよう指示されているが、好きな果物を食べたい

#BMI #食欲不振 #食欲低下 #食事をおいしく食べたい #低栄養
#食欲を増進 #摂取エネルギー #栄養補助食品

利用者の状態	原因	利用者などの意向
• 食事を配膳しても、はしをつけずにいたり、数口食べただけで食事しなくなる • BMIは18.9。適正体重より7kg少ないが、現体重は維持している	• 食欲不振 • 食欲低下	**本人** 食事をおいしく食べたい **長女** 食事をとれないと心配

ケアマネの予測&ポイント

やせており、低栄養が心配されます。食欲を増進させ、摂取エネルギーを増やしていく必要があります。栄養補助食品の活用も検討します

この場合の**ニーズ**は…
食欲がなく、途中で食事を止めてしまうことがあるが、食事をおいしく十分にとれるようにしたい

#早食い #食事量も多い #躁うつ病 #嚥下機能 #窒息 #ゆっくり楽しんで

利用者の状態	原因	利用者などの意向
• 妻と食卓にて2人で食事をとる • 早食いで食事量も多い • 食後も落ちつかず、ゆっくりできない	• 躁うつ病	**本人** おいしく食べたい **妻** なるべくゆっくり食べてほしい

ケアマネの予測&ポイント

嚥下機能が低下した場合、早食いは窒息を招く危険性が高いといえます。食事をゆっくり楽しんで食べられる方法を検討します

この場合の**ニーズ**は…
早食いで食事量も多いが、食事をゆっくり楽しんで食べられるようにしたい

#糖尿病 #ムラ #よくかまずに飲み込む #体重増 #栄養バランス #栄養士
#適切なカロリー摂取

利用者の状態	原因	利用者などの意向
• 糖尿病があり、適正体重より7kg多い • 自ら積極的に食べるときと食べないときのムラがある • よくかまずに飲み込む癖がある	• 糖尿病 • 体重増	本人 おいしいごはんが食べたい 長女 おいしく食べてほしいが、太らないように気をつけてほしい

ケアマネの予測&ポイント

糖尿病に配慮し、バランスのよい適切なカロリーで食事ができるよう、栄養士等と検討します

この場合のニーズは…
糖尿病のため、栄養バランスのよい適切なカロリー量の食事をして、無理な減量を避けつつおいしく食べたい

#嘔吐 #栄養面が不十分 #自己摂取 #慢性腎不全 #腹膜透析
#全身の痛み #必要な栄養をとりたい

利用者の状態	原因	利用者などの意向
• 気分が悪く、嘔吐もあり、少量のお粥と好きな果物やプリンを食べる程度で、栄養面が不十分 • 気分がよいときには、身体を起こして自己摂取できる	• 慢性腎不全で腹膜透析を行っている • 全身の痛みがある	本人 気分よく食べられればいいのだが 長女 しっかり栄養をとってほしい

ケアマネの予測&ポイント

体調のコントロールをしつつ、少しでも好きなものを食べられるよう援助します

この場合のニーズは…
腹膜透析を行っており、体調が悪く、食欲がないが、気分よく食事をして必要な栄養をとりたい

#嚥下障害 #栄養状態が悪い #ひと口大のおにぎり #パーキンソン病
#食事を楽しみたい #必要十分量の食事 #体重を増やしたい

利用者の状態	原因	利用者などの意向
・嚥下障害がある。やせており、栄養状態が悪い ・はしは使えず、スプーンも使いにくい。ごはんはひと口大のおにぎりにすると、自分で持って食べる	・パーキンソン病	**本人** うまく飲み込めないのはつらい。食事を楽しみたい **妻** 上手に食べられるくふうを知りたい

ケアマネの予測&ポイント

食事摂取の方法や形態を検討して、必要十分量の食事をとれるようにサポートします

この場合の**ニーズ**は…
パーキンソン病により、飲み込みが悪いが、食事をしっかりとおいしく食べて、体重を増やしたい

#はし #自己摂取 #意欲の低下 #孤独感 #一人暮らし
#夫を亡くした喪失感 #1人ではない食事の時間

利用者の状態	原因	利用者などの意向
・はしで自己摂取 ・かなりやせている ・娘が買ってくる総菜を1人で食べることが多い ・食事摂取量には波があり、食欲のないことが多い	・夫が不慮の事故で他界 ・意欲の低下 ・孤独感 ・一人暮らし	**本人** 夫がいなくて寂しいが、しっかりしないととは思っている **長女** 元気を出してしっかり食べてほしい

ケアマネの予測&ポイント

夫を亡くした喪失感など、精神面での影響が大きいようです。1人ではない食事の時間を増やし、しっかり栄養がとれるようサポートします

この場合の**ニーズ**は…
夫がいなくて何もする気が起きないが、食事をおいしくしっかりと食べたい

課題抽出例 **介護力**

視点 ▶▶▶

介護者の介護負担の程度や介護意思・ストレスの程度、介護者の健康問題など多角的な視点から把握します。

☑ ここをチェック ✦

☐ 介護に携わる人数を正確に把握しているか。
☐ 1日、1週間、1か月単位での介護者の有無、介護の程度はどうか。
☐ 近隣の人や友人とのかかわりの有無はどうか。
☐ 介護者のストレスの程度、介護知識、介護技術の程度はどうか。

ニーズを抽出する際の注意点

 ♂ 利用者が在宅で安心できるための介護

一人暮らし（独居）、高齢者世帯、日中独居などの状態に応じて、利用者が安心して、安全に毎日暮らすことができるように支援します。

 ♂ 家族のケア能力を高める視点

家族介護者の健康面にも配慮し、介護負担を軽減することが、利用者の在宅生活維持につながります。また、家族介護者に十分な介護知識や技術が備わっていないことも多く、それが精神的な負担や不安、ストレスの原因になっていることがあります。介護者の教室や認知症の家族会を紹介するなどのサポートも大切です。

#主介護者は長男の嫁　#体調が悪いと嫁にあたる　#嫁に迷惑はかけたくない
#要求が多くイライラしている　#家族間のストレス解消

利用者の状態	原因	利用者などの意向
・主介護者は同居の長男の嫁 ・本人の訴えが多く、対応に四苦八苦している ・小学生の孫2人は見守り程度はできる	・長男は仕事が多忙で介護に非協力的 ・体調が悪いと嫁にあたることが多い	（本人）嫁に迷惑はかけたくない。笑顔でいたい （嫁）義母は要求が多くイライラしていることが多い。ときどきしんどいので解消したい

ケアマネの予測&ポイント

嫁に迷惑をかけたくないとの思いも、本人にとってストレスになっているようです。体調安定と家族間のストレス解消が必要です

この場合の**ニーズ**は…
介護で嫁に迷惑をかけたくないとの思いが強く、ストレスになっている。みなが笑顔になるような生活を送りたい

#二人暮らし　#夫は仕事で多忙　#日中独居　#長男は遠方　#買い置きの弁当
#料理をしたい　#生活支援　#本人の意欲

利用者の状態	原因	利用者などの意向
・夫と二人暮らし ・夫は日中の介護ができない。帰りも遅くなることが多く、食事が弁当になることが多い ・長男は近く結婚予定	・夫は仕事で多忙 ・長男は遠方	（本人）ヘルパーに支援してもらって、ご飯は自分で作りたい （夫）本人の希望をかなえてあげたい

ケアマネの予測&ポイント

日中独居となり、買い置きの弁当での食事が多くなっています。生活支援により、「料理をしたい」という本人の意欲をサポートします

この場合の**ニーズ**は…
夫が日中に不在となるが、必要なサポートを得て、自分で料理を作りたい

#独居 #進行性のがん #長男夫婦は仕事と育児 #ターミナル期
#このままこの家にいたい #医療との連携 #緩和病棟 #施設入所

利用者の状態	原因	利用者などの意向
・独居。進行性のがんで、ターミナル期にある ・隣の敷地に長男夫婦が住んでいるが、仕事と育児に忙しく、終日サポートすることは難しい	・長男夫婦は、家業の会社を引き継ぎ自営 ・長男夫婦の子どもはまだ小さく手がかかる	**本人** このままこの家にいたいが負担はかけたくない **長男** 介護の時間がとれない。心配なので、施設でみてもらえないか

ケアマネの予測&ポイント

家にいたいという本人の気持ちも尊重しながら、医療との連携、全般的な生活支援、緩和病棟への入院などを視野に入れてサポートします

この場合の**ニーズ**は…
ターミナル期にあるが、長男夫婦は仕事・育児に忙しく、介護の時間がもてないため、必要に応じた施設入所を希望している

#二人暮らし #本人は大柄 #妻は高齢 #安全な移乗 #環境整備 #転倒
#妻と安全に生活できるようにしたい

利用者の状態	原因	利用者などの意向
・妻と二人暮らし ・本人は大柄で体重もあるが、妻は高齢で体重も軽く、介助が負担。特に車いすへの移乗介助の際に転倒の危険がある	・本人の体型 ・妻は夫よりも年上で高齢	**本人** 悪いなと思っている。妻がケガしないようにしたい **妻** 安全に介助できるようにしたい

ケアマネの予測&ポイント

妻の現状での介護力や潜在的可能性に目を向け、安全な移乗のための環境整備を考え、2人での生活を支えます

この場合の**ニーズ**は…
大柄なため、移乗介助する妻が転倒する危険があるので、妻と安全に生活できるようにしたい

#独身 #一人暮らし #兄弟とも疎遠 #他者との交流がない #生活支援
#通報サービス #自宅で安心して暮らしたい

利用者の状態	原因	利用者などの意向
• 独身で一人暮らし • 兄弟とも疎遠で、1か月に1回甥が訪ねてきて話す以外は、他者との交流がない	• 一人暮らし	**本人** ここで暮らしたい **甥** いずれは施設入所してほしい

ケアマネの予測&ポイント

一人暮らしでも安心して生活が継続できるよう、必要な生活支援や緊急時の通報サービスなどを検討していきます

この場合のニーズは…
一人暮らしで、甥も遠方に住んでいるが、自宅で安心して暮らしたい

#二人暮らし #遺族年金で暮らす #視力障害 #長男の閉じこもり
#介助依存 #相互に依存 #今の生活を続けたい

利用者の状態	原因	利用者などの意向
• 長男と二人暮らし。夫の遺族年金で暮らす • 長男は持病もあり10年間無職。家事全般を行う • 視力障害があり、全面的に長男の指示や介助が必要	• 長男の閉じこもり • 視力障害による介助依存	**本人** 今のままでいい **長男** このまま暮らしていければいい

ケアマネの予測&ポイント

本人と長男が相互に依存しており、親子で閉じこもりがちです。両者に対するサポートが必要と思えます

この場合のニーズは…
目が見えず、行動や生活すべてに指示や介助が必要。同居する長男の介護負担を軽くしながら、今の生活を続けたい

#独居 #在宅酸素療法 #呼吸器疾患 #妻は施設入所中 #妻に会いたい
#精神的に不安定 #精神面でのサポート

利用者の状態	原因	利用者などの意向
• 独居。在宅酸素療法を受けている。近くに住む妹は高齢で、話し相手にはなるが、日常的な介護はできない • 月2回(1泊)、週末に県外の娘が来て介護をしている	• 呼吸器疾患 • 介護者が遠方 • 妻は施設入所中	**本人** 寂しい。妻に会いたい **長女** もう少ししたら、同居できるのでそれまで頑張ってほしい

ケアマネの予測&ポイント

体調不安もあり精神的に不安定なことがあります。妻との交流の機会を設けるなど精神面でのサポートも必要です

この場合の**ニーズ**は…
一人暮らしで在宅酸素療法を受けているが、妻のいない生活の寂しさを解消して、安定した気持ちで暮らしたい

#独居 #通院介助 #夫の他界 #家族のきずな #本人の意欲
#自分でできることは自分でしたい

利用者の状態	原因	利用者などの意向
• 夫が他界後、独居 • 長女夫婦は仕事のあいまに食事を運んだり、通院介助をしている • 長男、次男は近所に住むが、夫の他界後疎遠になっている	• 家族のきずなが一部とぎれている状態	**本人** 家族に迷惑はかけない。1人でも頑張れるようになりたい **長女** 調子よく過ごしてほしい

ケアマネの予測&ポイント

長女夫婦のみに負担を負わせず、本人の意欲を応援する体制づくりをします

この場合の**ニーズ**は…
仕事の忙しい長女夫婦に迷惑をかけず、自分でできることは自分でしたい

視点 >>>

高齢者の自立支援、介護者の負担軽減の観点から、転倒など危険個所の有無、住宅改修の必要性などについて把握します。

☑ ここをチェック ✦✦

- □ 室内の動線はどうか。
- □ 移動、入浴、排泄、外出などのそれぞれの動作を安全に行ううえで、必要な改善点は何か。
- □ 物の配置や家具のレイアウトのくふうなどで改善できる個所があるか。

ニーズを抽出する際の注意点

Key ♂ 利用者の心身機能に適した環境整備

利用者の心身機能を把握し、能力を生かし、日常生活の自立、安全性を考慮します。理学療法士、作業療法士などの専門家の視点をアセスメントに生かすことも大切です。

Key ♂ 介護者の介護負担の軽減を図る

高齢者は年齢とともに身体機能が低下し、わずかな段差でもつまずくなど、転倒の危険性が高くなります。先の予測も含めて、家具の配置、室内の状況などの改善個所を細かくアセスメントし、ニーズを導き出します。

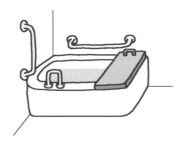

#市営住宅 #一人暮らし #浴槽が使いにくい #改修工事 #福祉用具
#くふうして暮らす #ここで暮らしていきたい

利用者の状態	原因	利用者などの意向
・市営住宅の1階に住む ・一人暮らし ・大きな段差はなく、杖で移動は可能 ・トイレや浴槽が使いにくいが、借家で取り替えできない	・借家 ・一人暮らし	**本人** 浴槽が使いにくいが、くふうしてここで暮らしたい **長女** 贅沢は言えないが、もう少し使いやすいとよい

ケアマネの予測&ポイント

借家で改修工事ができませんが、福祉用具レンタルなどの利用でくふうして暮らすことが可能です

この場合の**ニーズ**は…
借家なので使いにくいところもあるが、くふうしてここで暮らしていきたい

#車いす #段差 #脳血管障害 #片麻痺 #行動範囲 #介助なし #住宅改修

利用者の状態	原因	利用者などの意向
・室内はほぼ車いすで移動できる ・ダブルベッドには手すりがない ・玄関には段差があり、車いすの出入りは介助を要する	・脳血管障害の後遺症 ・片麻痺	**本人** 自由に家と外との出入りができるようになりたい **夫** 行動範囲を広げられるようにしたい

ケアマネの予測&ポイント

介助なしに、車いすで自宅から外へ移動できる住宅改修を行うことにより、行動範囲が広がり、心身の改善効果が望めます

この場合の**ニーズ**は…
車いすの生活だが、行動範囲を広げ、意欲を高めたい

#補高便座 #パーキンソン病 #歩行の維持 #移動経路 #手すり
#環境整備 #転倒なく安全に室内を移動したい

利用者の状態	原因	利用者などの意向
•トイレは洋式で補高便座になっている •移動経路に手すりはない。ベッドにも手すりがない	•パーキンソン病	**本人** 歩行は維持したい **長女** 安全に移動できるようにしたい

ケアマネの予測&ポイント

歩行の維持は、当面の目標となります。現在、移動経路に手すりがなく、転倒を防ぎ安全に移動できるための環境整備が必要です

この場合の**ニーズ**は…
パーキンソン病で移動に不自由があるため、転倒なく安全に室内を移動したい

#居室が2階 #階段が急 #手すり #消極的 #日当り #行動範囲
#安全な環境で生活をしたい

利用者の状態	原因	利用者などの意向
•高齢夫婦の居室が2階にあり、長男夫婦が1階で生活している •階段が急で、すべりやすい。手すりの設置がなく、下に降りるのに消極的になっている	•2階のほうが日当りがよいため、夫婦の希望	**本人** この部屋が気に入っている **妻** 行動範囲を広げられるようにしたい

ケアマネの予測&ポイント

安全を考えると1階が望ましいのですが、日当りもよく本人が気に入っています。階段に手すりを設け、行動範囲を広げられるようにします

この場合の**ニーズ**は…
階段に手すりがないため、消極的になっている。安全な環境で生活をしたい

#脳出血 #車いす自走 #段差 #畳 #左上下肢麻痺 #車いすで生活
#住宅改修

利用者の状態	原因	利用者などの意向
• 脳出血で入院後、退院。車いす自走 • トイレのドアが邪魔なため、車いすで中まで入れない。玄関や廊下と部屋の段差がある • 寝室が畳で車いすが入れない	• 脳出血で入院 • 左上下肢麻痺	**本人** 車いすで生活できるよう住宅改修がしたい **妻** 夫が使いやすいようにしてほしい

ケアマネの予測&ポイント

早急に、車いすでの在宅生活ができるよう住宅改修が必要です

この場合の**ニーズ**は…
脳出血後遺症で左上下肢麻痺があり、自宅を車いすで生活できる環境にしたい

#夜間覚醒 #ふらつき #めまい #不眠 #体調不良 #痔 #福祉用具

利用者の状態	原因	利用者などの意向
• 夜間覚醒が多い • ふらつきやめまいがあり、夜間のトイレに不安がある • 移動経路が暗く転倒の危険がある	• 不眠 • 体調不良	**本人** 痔があるので、シャワートイレ（温水洗浄便座）は欠かせない。夜間でもおむつは絶対にしたくない **妻** トイレまで介助したいが、高齢だし夜はつらい

ケアマネの予測&ポイント

本人の要望を踏まえ、福祉用具も活用して夜間でも安全にトイレに行けるようにします

この場合の**ニーズ**は…
夜間は特にふらつきやめまいがあるが、夜間でも安全にトイレに行きたい

115

居住環境

#視力障害　#転倒　#段差　#不安感　#転ばないようにしたい　#環境整備
#安全に室内を自分で移動したい

利用者の状態	原因	利用者などの意向
・視力障害があり、声かけや介助がないと移動ができない ・転倒が怖いため、はって移動している ・玄関の段差が大きい	・視力障害 ・目が見えないことの不安感が大きい	**本人** 転ばないようにしたい **長男** 安全に暮らせるようにしたい

ケアマネの予測＆ポイント

視力障害があっても、安全に暮らせる環境整備が必要です

この場合の**ニーズ**は…
視力障害があるが、転倒することなく安全に室内を自分で移動したい

#平屋の一戸建て住宅　#お風呂に入らない　#一人暮らし　#意欲の低下
#湯船でゆっくりと入浴したい　#気分転換　#湯船のまたぎこし

利用者の状態	原因	利用者などの意向
・平屋の一戸建て住宅 ・浴槽が深く、またぎが困難であるため、入浴への意欲が低下、お風呂に入らないことが多くなっている	・一人暮らし ・意欲の低下	**本人** 湯船でゆっくりと入浴したいがお金はかけられない **長女** お風呂が好きなのでゆっくり湯船に入れれば気分転換になる

ケアマネの予測＆ポイント

お風呂に入ることは本人の気分転換になり、精神面でもよい効果が望めます。福祉用具を活用して湯船で入浴できるようにし、本人の意欲向上につなげます。

この場合の**ニーズ**は…
湯船へのまたぎができるようにして、お湯につかって気持ちよく入浴したい

課題抽出例 # 特別な状況

視点 >>

経済的困窮、虐待、ターミナル期など、ケアプランを作成するうえ
で特別に配慮すべき点がないかを確認します。

☑ ここをチェック ✦

☐ 介護費用の経済的負担はどのくらいか。
☐ 公的制度の利用状況はどうか。
☐ 虐待や精神疾患の有無は？
☐ 必要に応じて関係機関と連携し、情報を収集しているか。
☐ ターミナル期の利用者では、今後の状態変化も含めてアセスメ
　　ントできているか。

ニーズを抽出する際の注意点

Key ♂ 経済的負担の状況把握

　介護のための支出が増加し、負担が過重となっている場合もあり
ます。インフォーマルサービスの活用、公的制度（年金、生活保護、
生活福祉資金貸付など）の活用などを助言します。

Key ♂ チームでの連携・情報共有

　困難事例などの特別な事情（虐待など）では、行政や地域包括支
援センターとの連携による対応が必要になることもあります。また、
ケアマネジャーだけで判断せず、サービス担当者会議などでも検討
し、情報を共有して支援を位置づけることが必要です。

特別な状況

#無年金 #経済的困難 #長男が長期入院 #介護保険料 #年金不払い
#将来に対する楽観性 #社会福祉法人 #金銭不安

利用者の状態	原因	利用者などの意向
• 無年金 • 経済的困難があり、介護保険料が支払えない • 生計維持者である長男が長期入院	• 年金不払い • 将来に対する楽観性	**本人** 保険料も利用料もきつい。長男が働けるようになるまで待ってもらえないか

ケアマネの予測&ポイント

社会福祉法人などによる「利用者負担額の軽減制度」などを検討し、安心して生活できるよう支援します

この場合の**ニーズ**は…
生計維持者である長男が長期入院をしており、サービスの利用料を支払えないので金銭不安の解消が必要

#要介護認定 #介護保険サービスの導入に消極的 #寝たきり
#お金を使いたくない #自治体 #経済的負担

利用者の状態	原因	利用者などの意向
• 退院後、要介護認定を受けたが、同居の長女が、介護保険サービスの導入に消極的 • 本人は終日寝たきりでひどくやせている	• お金を使いたくない • 同居の長女に介護サービスの知識がない	**本人** もう入院はしたくない。この家がいい **長女** サービスにお金はかけたくない

ケアマネの予測&ポイント

自治体のサポートなども確認し、経済的負担を最小限にしながら、サービスの導入をしていきます

この場合の**ニーズ**は…
経済的負担を減らしながら、必要な介護サービスを利用したい

#認知症　#金銭管理　#判断能力の低下　#一人暮らし　#成年後見制度
#もの忘れ　#財産管理

利用者の状態	原因	利用者などの意向
・認知症で、本人の金銭管理が困難。家族はいない ・近所の友人が、財布を預かり日常的な金銭の管理をしている	・認知症による判断能力の低下 ・一人暮らし	**本人** だれかにお願いできるのならばお願いしたい **友人** 今後は専門家に任せたほうがよい

ケアマネの予測＆ポイント

成年後見制度などの利用を検討する必要があります

この場合の**ニーズ**は…
もの忘れが進み、金銭管理が困難となってきたため、財産管理を行う成年後見人が必要である

#独居　#介護者不在　#要介護状態　#他人の世話になりたくない　#住宅改修
#見守り　#身体機能の低下

利用者の状態	原因	利用者などの意向
・独居 ・介護者不在 ・身体機能の低下により要介護状態だが、本人が住宅改修以外の介護サービスを拒否	・他人の世話になりたくないという思いが強い	**本人** 自分の暮らしは自分で決める。住宅改修でよい

ケアマネの予測＆ポイント

本人の意向を踏まえて、住宅改修は早急に手続きできるよう支援します。当面は、見守りを行っていきます

この場合の**ニーズ**は…
一人暮らしで身体機能の低下はあるが、住宅改修以外の介護サービスは利用せずに生活したい

特別な状況

#通帳管理　#肺炎　#長期入院　#自由に使えるお金がほしい　#認知　#年金管理

利用者の状態	原因	利用者などの意向
• 同居する長男夫婦が、本人の貯金や資産、通帳管理を行っている • 本人がお金を自由に使うことができない	• 肺炎により本人が長期入院 • 退院後、本人の通帳や印鑑を長男夫婦が預かったままである	**本人** 自分でも、自由に使えるお金がほしい **長男** お袋の金遣いが荒いので自分が管理している

ケアマネの予測&ポイント

本人の認知は確かで、自分の年金管理などはできると思われます。長男夫婦との話し合いの機会をもち、解決策を探る必要があります

この場合の**ニーズ**は…
長男夫婦が年金の受け取りと通帳を管理しているが、自分でも自由に使えるお金がほしい

#寝たきり　#介護能力　#介護無関心　#外に出られれば出たい
#短期入所サービス　#一時分離　#体力回復

利用者の状態	原因	利用者などの意向
• 同居の長女が介護に無関心 • 本人は日当りの悪い暗い部屋で昼夜寝たきりである • 食事は、朝夕、ごはんにみそ汁をかけたものを 2 回	• 長女の介護能力が低い • 介護無関心 • 最近長女に孫が生まれ、関心は孫にある	**本人** 外に出られれば出たい **長女** 家で世話をしたい

ケアマネの予測&ポイント

短期入所サービスの集中利用で、家族と一時分離し、本人の体力回復を図ったほうがよいと思われます。長女への支援、助言も必要です

この場合の**ニーズ**は…
家族の状況から、介護困難な状態が続いているため、一時的な入所が必要となっている

3. 本書の内容について
　①使いやすさ　　　　（a.良い　　　　　　b.ふつう　　　c.悪い）
　②サイズ　　　　　　（a.ちょうど良い　　b.大きい　　　c.小さい）
　③情報量　　　　　　（a.ちょうど良い　　b.多い　　　　c.少ない）
　④価格　　　　　　　（a.安い　　　　　　b.ふつう　　　c.高い）
　⑤役立ち度　　　　　（a.高い　　　　　　b.ふつう　　　c.低い）
　⑥本書の良かった点・悪かった点等お気づきの点を自由にお書きください
　（　　　　　　　　　　　　　　　　　　　　　　　　　　　　　　　）

4. 介護職業務について
　①現在従事されている業務は？
　（a.ケアマネジャー　b.サービス提供責任者　c.介護実務　d.その他（　　　））
　②現在お持ちの資格は？
　（a.ケアマネジャー　b.介護福祉士　c.ホームヘルパー１級
　 d.ホームヘルパー２級　e.ホームヘルパー３級　f.その他（　　　　　　　））
　③本書に掲載してほしい事項や、介護や福祉の分野でこんな書籍等があればいい
　　など、ご自由にお書きください
　（　　　　　　　　　　　　　　　　　　　　　　　　　　　　　　　）

5. 通信講座の案内資料を無料でお送りします。ご希望の講座の欄に○
　印をおつけください（お好きな講座［2つまで］をお選びください）。

| ケアマネジャー講座 | 07 | 福祉住環境講座 | 6J |
| 介護福祉士講座 | 9i | 認知症介助士 | 9L |

住所	〒□□□－□□□□		都道府県		市郡（区）	
	アパート、マンション等、名称、部屋番号もお書きください				（　　　様方）	
氏名	フリガナ		電話	市外局番　市内局番　番号（　　　　　）		
			年齢	歳	1（男）・2（女）	

Q9QQRO**Q1

【ユーキャンは個人情報を厳重に管理します】
お客様の個人情報は、当社の教材・商品の発送やサービスの提供および
アンケート調査のほか、当社および当社が適切と認めた企業・団体等の
商品・サービスに関する当社からの案内等に利用します。

郵 便 は が き

１６９-８７３４

料金受人払郵便

新宿北局承認

1757

差出有効期間
2022年11月
30日まで

切手を貼らず
にこのままポス
トへお入れ
ください。

（受取人）
東京都新宿北郵便局
郵便私書箱第2007号
（東京都渋谷区代々木1-11-1）

U-CAN 学び出版部

愛読者係　行

‖‖·‖·‖‖‖‖‖‖‖‖‖‖‖‖‖‖‖‖‖‖‖‖‖‖‖‖‖‖‖‖‖‖‖‖‖‖‖‖‖‖

愛読者カード

そのまま使える！　ケアプランの書き方＆文例

　ご購読ありがとうございます。読者の皆さまのご意見、ご要望
等を今後の企画・編集の参考にしたいと考えております。お手数
ですが、下記の質問にお答えいただきますようお願いします。

1. 本書を何でお知りになりましたか？
　　a.書店で　　b.インターネットで　c.知人・友人から
　　d.新聞広告(新聞名：　　　　　　)　e.雑誌広告(雑誌名：　　　　　　)
　　f.書店内ポスターで　g.その他（　　　　　　　　　　　　　　）

2. 多くの類書の中から本書を購入された理由は何ですか？
　　（　　　　　　　　　　　　　　　　　　　　　　　　　　）

うら面へ続きます

第 **3** 章

課題分析標準項目別
第2表の文例

- ■ ニーズと目標、援助内容の設定
- ■ 第2表文例（課題分析標準項目別）

健康状態／ ADL ／ IADL ／認知／問題行動／コミュニケーション能力／社会とのかかわり／排尿・排便／褥瘡・皮膚の問題／口腔衛生／食事摂取／介護力／居住環境／特別な状況

ニーズと目標、援助内容の設定

1 >>> ニーズの優先順位

複数のニーズが抽出された場合は、**優先順位**を決める必要があります。特に次の課題は、優先してニーズに位置づけましょう。利用者に説明し、理解を得ながら、ともに決定することが重要です。

①生命の安全にかかわる問題

視点 健康状態が悪化する状況であるかどうか。

②生活の安定性にかかわる問題

視点 生活の自立や維持、継続ができるのかどうか。

③人生の豊かさにかかわる問題

視点 その人らしく生活ができているかどうか。

2 >>> 書き方へのくふう

ケアプランは、本人や家族が読む書類、利用者のための書類です。書き方や言葉の表現は、**利用者を主体とした表現**とし、専門用語はできるかぎり使わないようにしましょう。

また、「認知症」や「失禁」のように、本人の意識によっては、あまり書かれたくない表現もあります。その場合は、「もの忘れ」としたり、下記のように具体的な状況を書き、状態を把握できるようにするとよいでしょう。

認知症のため〜

→ 食事をしたことを忘れてしまうが〜
→ ときどき、日にちや曜日がわからないことがあるが〜
→ 同じ話を何度も繰り返し話すことがあるが〜

3 ▶▶ 長期目標と短期目標、援助内容の関係

長期目標は、生活課題が達成されたときの「結果」としてイメージできる、利用者の姿です。

短期目標は、長期目標を達成するための段階的な目標です。

そして、長期・短期目標を達成する手段となるのが援助内容です。この違いを意識して書き分けていきましょう。

援助内容を実施することにより、短期目標が達成します。短期目標の積み重ねで長期目標が達成します。長期目標の達成により、**ニーズが解決**します。第2表を右から読んでみて、ニーズ解決へとつながる内容となっているか確認してみましょう。

ニーズ	長期目標	短期目標	援助内容※
骨粗鬆症があり、立ち上がりでバランスを崩すが、転ばないように運動したい	立ち上がりや移動が楽にできる	膝の曲げ伸ばしが楽になる	❶3か月にわたり週3回、❷○○事業所の通所介護で、❸上下肢の運動、歩行運動をして、歩行機能の維持を支援する。
		下肢の痛みが軽くなる	❶3か月にわたり週3回、❷○○事業所の通所介護で、❸柔軟体操や保温をして痛みを軽減をする。また、❶3か月にわたり週3回、❷整形外科の主治医が、❸療養指導や湿布などの医学的管理をする。

※援助内容は、❶期間、頻度　❷事業所、サービス種別　❸サービス内容を記載する欄があり、全体を読んで5W1Hが盛り込まれたものとなっているか確認しましょう。

健康状態

#関節リウマチ #定期受診 #病状管理 #痛みを軽減 #生活指導 #薬 #送迎

ニーズ Check!	長期目標	短期目標
❶関節リウマチにより、体調を崩しやすいが、痛みを抑えながら明るい気持ちで生活していきたい	安定した体調で、明るい気持ちで生活できる	定期受診で病状管理をし、痛みを軽減できる

#うつ病 #認知症 #自宅での生活 #通院 #付き添い #服薬の声かけ #話し相手

ニーズ	長期目標	短期目標
うつ病や❷認知症があり、気分が落ち込みやすいが、疾病のコントロールをして自宅での生活を続けたい △ 認知症 ◎ もの忘れ	無理をせず、おだやかな気持ちで、自宅での生活を続けることができる	・定期的に通院して服薬を続けることができる ・不安な気持ちを人に伝えることができる

#糖尿病 #高血圧症 #再発を予防 #健康管理 #栄養バランス #行動範囲

ニーズ	長期目標	短期目標 Check!
糖尿病、高血圧症で、体重が増加気味だが、病気の悪化や再発を予防し、健康的な生活を送りたい	健康管理し、体調よく暮らせる	・1日の摂取エネルギーを ❸ 18 単位（1440キロカロリー）とし、栄養バランスをとる ・行動範囲を広げる

#血糖値 #脳梗塞の再発 #身体を動かす #血圧の安定 #歩行練習 #理学療法士

ニーズ	長期目標	短期目標
血糖値と日頃のバイタルサインに気をつけながら、脳梗塞の再発を防ぎ、健康に過ごしたい	脳梗塞の再発を防ぎ、安心して自宅で暮らせる	血圧を安定させ、日中、身体を動かすことができる

┌─ ここがポイント ─ Check!

❶ 利用者の今の（困っている）状況をここにしっかり書いておくと、そのあとに続く、目指すべき目標や結果がわかりやすく伝わります。

❷ 利用者に寄り添った言葉となるように心がけましょう。

❸ 短期目標では、数値目標などを盛り込むと効果的です。

⑯…介護保険対象

#通院介助

サービス内容	種別
1 医学的管理、生活指導、薬（抗リウマチ薬）の処方	1 主治医
2 車での送迎、通院介助	2 長女
3 服薬の継続	3 本人

#訪問介護

サービス内容	種別
1 うつ病の治療、薬の処方	1 主治医
2 病院の付き添い、医師の指導、指示の確認	2 妻
3 服薬の声かけ	3・4 訪問介護 ⑯
4 状況確認のための声かけ	4・5 近隣の友人
5 話し相手になる	

#カロリーノート　#車いすのレンタル　#訪問看護

サービス内容	種別
1 血圧チェックや食事指導	1 訪問看護 ⑯
2 食事の管理、カロリーノートの作成	2 本人
3 車いすのレンタルによる行動範囲の拡大	3 福祉用具貸与 ⑯

#生活支援　#買い物同行　#体操　#通所リハビリテーション

サービス内容	種別
1 血圧チェックや食事指導、居室内での歩行練習	1 訪問看護 ⑯
2 理学療法士による訓練	2 通所リハビリテーション ⑯
3 家事の生活支援、買い物同行	3 訪問介護 ⑯
4 自分でできる体操	4 本人

♂ 援助の Key ⋯⋯「健康状態」

　健康状態のニーズでは、その心身の不調に対する症状の緩和、悪化や再発防止のための対応といった観点から、病院や主治医、医療サービスなど、医療との連携も鍵になります。病院への受診などについてもケアプランに位置づけましょう。

#パーキンソン病　#寝たきり　#リハビリテーション　#歩行維持への支援

ニーズ	**長期目標**	**短期目標**
パーキンソン病の治療を続け、歩行を維持して進行を遅らせたい	寝たきりにならないで、現在の生活を続けられる	・主治医と連携し、病状を把握することができる ・転倒・骨折をすることなく、歩行ができる

#一人暮らし　#住み慣れた家　#体力を回復　#健康管理　#配食サービスの提供

ニーズ	**長期目標**	**短期目標**
一人暮らしで健康管理ができず、意欲と体力が低下しているが、寝たきりにならず、自宅での生活を続けたい	住み慣れた家で、気ままに暮らせる	食事や水分をしっかりとって、体力を回復し、健康管理ができる

#虚血性心疾患　#自宅での生活　#歩行訓練　#服薬管理　#体操

ニーズ	**長期目標**	**短期目標**
虚血性心疾患により無理がきかないが、経過観察をしながら、安心して自宅での生活を続けたい	健康状態が安定している	定期的な受診と、歩行訓練がなされる

#在宅酸素療法　#安定した心身の状態を維持　#医学的管理　#清潔のケア

ニーズ	**長期目標**	**短期目標**
一人暮らしで在宅酸素療法を受けているが、不安なく、安定した体調で暮らしたい	安定した心身の状態を維持できる	心身の状態を把握しながら、体調よく過ごせる

← ここがポイント ─ Check!

❶ 訪問看護では、看護職による療養上の世話のほか診療の補助、理学療法士などによるリハビリテーションを行うことができます。訪問介護と上手に使い分けましょう。

❷ 本人や家族が取り組むこともサービスに位置づけましょう。

⑱…介護保険対象

#パーキンソン体操　#訪問看護　#訪問介護

サービス内容	種別
1 検査や内服治療、生活指導	1 主治医
2 病状観察、主治医と連携、緊急時の対応	2 ❶訪問看護 ⑱
3 通院介助	3 訪問介護 ⑱
4 理学療法士、作業療法士によるリハビリテーション	4 リハビリ病院
5 歩行維持への支援（全身の運動）Check!	5 通所介護 ⑱
6 ❷パーキンソン体操	6 本人

#配食　#安否確認　#通所介護　#訪問介護

サービス内容	種別
1 健康管理（バイタルチェック、水分摂取量や栄養状態の確認、昼食の提供）	1 通所介護 ⑱
2 夕食と朝食の調理、状態の把握	2 訪問介護 ⑱
3 配食サービスの提供（配食と安否確認）	3 市の高齢者事業

#個別リハビリテーション　#介助見守り

サービス内容	種別
1 定期的な検査や療養指導、薬の処方	1 主治医（循環器）
2 健康チェック、服薬管理	2 本人、家族（次男）
3 体操や個別リハビリテーションの実施、歩行訓練	3 通所介護 ⑱
4 自宅での手引き歩行、介助見守り	4 次男

#在宅酸素療法のメンテナンス　#ボンベの補給　#通院介助　#緊急通報装置

サービス内容	種別
1 医学的管理（肺疾患、血圧、心不全等）	1 主治医
2 体調管理、生活指導、食事と清潔のケア	2 訪問看護 ⑱
3 在宅酸素療法のメンテナンス、ボンベの補給	3 酸素業者
4 通院介助（送迎、受診介助）	4 訪問介護 ⑱
5 緊急通報装置の設置	5 市の高齢者事業

♂ 援助の Key …… 配食サービス

　買い物や調理など食事のしたくが困難な高齢者などを対象に、栄養のバランスのとれた調理済みの食事を自宅に届けるサービスです。同時に安否確認も行うことができます。市町村が独自事業として実施しているもの、民間事業者が実施しているものがあります。

ADL

#夜間のトイレ　#排泄を失敗　#夜はポータブルトイレ　#特定福祉用具販売

ニーズ	長期目標	短期目標
動作に時間がかかるため、夜間のトイレに間に合わないことがあるが、排泄を失敗しないようにしたい	自分でトイレに行くことができる	夜はポータブルトイレで排泄することができる

#関節リウマチ　#筋力低下　#疼痛　#湯船のまたぎ　#自宅の湯船で入浴したい

ニーズ	長期目標	短期目標
関節リウマチでの筋力低下や疼痛により、自力での湯船のまたぎが難しいが、自宅の湯船で入浴したい	用具の活用により、自宅の湯船に入って清潔を保持できる	・介助を受けて、定期的に湯船に入ることができる　Check! ・福祉用具の活用により、❶自分で入浴ができるようになる

#大腿骨頸部骨折　#自分で動きたい　#起立動作　#起立訓練　#立位保持訓練

ニーズ	長期目標	短期目標
大腿骨頸部骨折により歩けなくなってしまったが、立ち上がることはできるので、自分で動きたい	転倒なく、❷起立動作ができる　Check!	❷立位が安定する

#麻痺　#筋力低下　#自分で自信をもって生活　#車いす　#自走用車いす

ニーズ	長期目標	短期目標
麻痺や筋力低下があり、移乗や入浴に介助が必要だが、家族に負担をかけずに生活したい	福祉用具やサービスを活用しながら、自分で自信をもって生活できる	・車いすでなじみの美容院に行くことができる ・施設で安全に入浴できる

--- **ここがポイント** --- Check!

❶ できている動作、自立の可能性のある動作に働きかけましょう。

❷ 利用者が実感をもって取り組めるよう、専門的な言葉ではなく、利用者が日常的に使うわかりやすい言葉にするとよりよいでしょう。

保 …介護保険対象

サービス内容
夜間のポータブルトイレの購入、使用

種別
特定福祉用具販売 保

#用具のくふう　#訪問介護

サービス内容
1 入浴の介助、見守り
2 福祉用具の購入（浴槽内いす、シャワーチェア）
3 用具のくふう（ミトン式スポンジ、長柄ボディーブラシ、洗髪用長柄ブラシの活用）

種別
1 家族（長女）
　訪問介護 保
2 特定福祉用具販売 保
3 本人、家族（長女）

#立位動作支援　#訪問リハビリテーション　#通所介護

サービス内容
1 理学療法士による起立訓練
2 理学療法士による立位保持訓練
3 施設での立位動作支援

種別
1・2 訪問リハビリテーション 保
3 通所介護 保

#入浴支援　#美容院　#短期入所生活介護

サービス内容
1 自走用車いすの活用
2 美容院での洗髪、送迎介助
3 施設での入浴支援、健康チェック

種別
1 福祉用具貸与 保
2 美容院、嫁
3 通所介護 保
　短期入所生活介護 保

♂ **援助の Key …… 「ADL」**

ADL（日常生活動作）への援助では、困っていることだけではなく、現在できていること、できそうなことにも着目し、活動向上支援をする視点が重要です。リハビリテーション、動作を支援する環境整備、転倒防止策などにより、利用者の意欲向上を図りましょう。

#車いす #行動範囲 #歩行訓練 #1人で外出 #自宅内を自由に歩く

ニーズ	長期目標	短期目標
車いすの生活だが、安定して歩けるようになって、行動範囲を広げたい	杖があれば、1人で外出することができる	歩行訓練を行い、杖があれば、自宅内を自由に歩くことができる

#脳梗塞 #意欲と筋力が低下 #車いすの自走 #散歩同行

ニーズ	長期目標	短期目標
脳梗塞の再発後、意欲と筋力が低下してしまったが、筋力をつけて再発前のような生活に戻りたい	車いすの自走ができる	短距離でも車いすの自走ができる

#注意力が散漫 #事故 #転倒や転落を防止 #特殊寝台 #環境整備

ニーズ Check!	長期目標	短期目標
注意力が散漫だが、体調が良ければ動けるため、ベッドからの転落や転倒の危険性があり、❶予防する必要がある	事故がなく安全に家のなかで暮らせる	転倒や転落を防止できる

#寝たきり #日中は離床 #起居動作 #エアーマット #背中の痛み緩和

ニーズ	長期目標	短期目標
寝返りや起き上がりを自分でスムーズに行って、寝たきりにならないようにしたい	日中は離床し、歩行が維持できる	1人で寝返りや起き上がりを行い、転倒や骨折を防ぎながら、安全に歩行することができる

─ ここがポイント ─ Check!

❶ 「〜したい」という書き方が主流ですが、利用者のニーズが明確であれば、「〜必要である」「〜する」など、自由に表現してください。

❷ 福祉用具の使い方でどのような動作が可能になるのか、専門家とも相談して、熟知しておくとよいでしょう。

㋫…介護保険対象

#加圧トレーニング　#多点杖　#訪問リハビリテーション

サービス内容	種別
1 歩行訓練、拘縮の予防、加圧トレーニング 2 福祉用具レンタル（多点杖） 3 自分の行動を検討し、転倒を予防する 4 杖歩行の見守り、リハビリ状況の傾聴	1 訪問リハビリテーション ㋫ 2 福祉用具貸与 ㋫ 3 本人 4 訪問介護 ㋫

#握力・筋力強化向上訓練　#起立訓練　#立位保持訓練

サービス内容	種別
1 車いすの自走の見守り、散歩同行 2 握力・筋力強化向上訓練 3 起立訓練・立位保持訓練	1～3 通所リハビリテーション ㋫

#障害物　#夜間の安全見守り

サービス内容	種別
1 特殊寝台、サイドレールの活用により、ベッドからの転落を防ぐ 2 行動範囲の環境整備（障害物の撤去、整理など） 3 夜間の安全見守り	1 福祉用具貸与 ㋫ 2・3 家族

#環境整備　#福祉用具貸与

サービス内容	Check!	種別
1 起居動作の補助（ベッド横の手すりにより、立ち上がり動作を補助、❷エアーマットの弾力を生かして、寝返りをする） 2 背中の痛み緩和（エアーマットの活用） 3 転倒や骨折防止の環境整備		1・2 福祉用具貸与 ㋫ 3 妻

♂ 援助の Key …… 介護と美容

　身だしなみを整えたり、きれいでいたいという利用者の気持ちは、大切にしたいものです。散髪のほか、化粧やネイルケアをすることで、意欲が向上したり外出への動機づけになることもあります。地域の理美容サービスなども調べ、支援に取り入れましょう。

#筋力低下　#腰痛　#自宅で快適に暮らしたい　#配食サービス　#自助具

ニーズ	長期目標	短期目標
筋力低下や腰痛があり、家事全般に支援が必要だが、自分でもできることを増やし、自宅で快適に暮らしたい	自宅で快適に暮らすことができる	支援を受けて、家事をくふうしながら行う

#集中力と判断力が低下　#趣味を再開　#楽しみのある生活を送りたい

ニーズ	長期目標　Check!	短期目標
集中力と判断力が低下しているが、趣味を再開して楽しみのある生活を送りたい	デイサービスで❷仲間と共同の作品展を開く	助言を受けながら、木工作品を完成することができる

#麻痺　#家事　#一緒に料理をつくる　#食事団らん　#食材の配送　#意欲を引き出す

ニーズ	長期目標	短期目標
麻痺があるが、自分でできる家事は行い、料理と食事のしたくは自分でできるようになりたい	自分で食事のしたくをし、好きな料理をつくることができる	・家事を継続する ・メニューを考え、一緒に料理をつくることができる

#麻痺　#車いす　#車の運転　#外出への援助　#買い物や外食　#近況報告

ニーズ	長期目標	短期目標
麻痺があり、今は車いすの生活だが、いずれは自分で運転して、家族と旅行に行きたい	車の運転ができるようになる	家族と一緒に近所まで車の運転ができる

← ここがポイント ― Check!

❶ 洗濯は、「洗剤を入れる」「取り込む」「たたむ」などたくさんの行為から構成されます。本人が参加できる行為があれば、ケアプランに位置づけましょう。

❷ 利用者の趣味も意欲を高める動機づけになります。

保 …介護保険対象

#家事をくふう　#訪問介護　#市の高齢者事業

サービス内容　Check!
1 ❶掃除、片づけ、洗濯の支援
2 朝食と昼食の準備
3 配食サービスの提供
4 本人でも使いやすい自助具の検討、購入

種別
1 訪問介護 保
2 長女
3 市の高齢者事業
4 本人、家族（長女）

#作品展　#制作助言　#見守り　#通所介護

サービス内容
1 木工作品の制作
2 ギャラリー展への鑑賞同行
3 木工作品などの制作助言、見守り

種別
1 本人
2 妻
3 通所介護 保
　妻

#訪問介護

サービス内容
1 家族でのメニュー検討、食事団らん、できない家事作業の応援
2 宅配での食材購入、食材の配送
3 家事作業の補助、傾聴、助言、賞賛で意欲を引き出す

種別
1 本人、夫、子ども
2 本人、宅配会社
3 訪問介護 保

#自立の意欲

サービス内容
1 麻痺があっても運転できる車についての検討・相談
2 外出への援助
3 家族でドライブ、買い物や外食
4 電話による近況報告で自立の意欲を高める

種別
1 ケアマネジャー 保
　家族
2〜4 夫、長女夫婦、孫

♂ 援助の Key …… 「IADL」

　IADL（手段的日常生活動作）は調理や洗濯など家事のほか、金銭管理、本を読むなどの趣味活動も含まれ、暮らしていくうえで必要となる動作です。その人の価値観や望む暮らしを踏まえて、社会に「参加」できるように援助する視点も大切となります。

#意欲の低下 #清潔な環境で暮らしたい #自分で片づけ #清潔への意識 #声かけ

ニーズ	長期目標	短期目標
意欲の低下があるが、自分で自宅の片づけをして、清潔な環境で暮らしたい	自分で片づけができるようになる	部屋をきれいにして、清潔への意識を高める

#めまいや嘔吐 #清潔で安全に暮らせる #筋力を保つ #配食サービス #訪問介護

ニーズ	長期目標	短期目標
めまいや嘔吐など体調不良で家事全般ができないが、近所に迷惑をかけずにここで暮らしたい	清潔で安全に暮らせる	・部屋をきれいに保てる ・バランスの良い食事がとれる ・適度に身体を動かし筋力を保つ

#気分が落ちこむ #自分でできる家事を増やしたい #食事の用意 #買い物

ニーズ	長期目標	短期目標
気分が落ちこむことが多いが、娘夫婦に迷惑をかけずに、自分でできる家事を増やしたい	状態の良いときは、食事の用意や買い物ができる	・自分でできる家事を行う ・体調が良いときは、歩行器で孫と散歩に出かけられる

#複数の処方薬 #もの忘れ #飲みまちがい #飲み過ぎ #服薬カレンダー

ニーズ	長期目標	短期目標 Check!
複数の処方薬をもらっているが、もの忘れも多くなってきたため、処方薬の管理をしっかりと行いたい	しっかりと服薬をして、体調の安定を図ることができる	❶薬の飲みまちがいや飲み過ぎを防止できる

← ここがポイント — Check!

❶ 短期目標は、すぐに取り組める、実現可能な目標であることを意識しましょう。

❷ 本人や家族がくふうしてできることは、ケアプランに取り入れていきましょう。

保…介護保険対象

#掃除状況を確認　#訪問介護

サービス内容	種別
1 掃除、片づけ、洗濯の支援 2 ゴミ出し、布団干しの支援 3 声かけ、掃除状況を確認	1～3 訪問介護 保

#市の高齢者事業　#通所介護

サービス内容	種別
1 掃除、片づけ、洗濯の支援 2 買い物、調理の支援 3 配食サービスの提供 4 適度な運動、転倒予防 5 散歩の付き添い	1、2 訪問介護 保 3 市の高齢者事業 4 通所介護 保 5 長女、友人

#歩行器　#散歩の同行　#福祉用具貸与

サービス内容	種別
1 自分でできる家事を家族で検討して見つけ、一緒にする（洗濯物をたたむ、テーブルふき、片づけ、お茶入れなど） 2 歩行器のレンタル 3 散歩の同行	1 本人、家族 2 福祉用具貸与 保 3 娘夫婦、孫

#服薬指導　#居宅療養管理指導

サービス内容	種別
1 ❷服薬カレンダーの作成 （Check!） 2 服薬指導 3 バイタルチェック 4 服薬状況のチェック	1 本人、家族 2 居宅療養管理指導 保 3・4 訪問看護 保

援助の Key …… 服薬管理

服薬管理を行うサービスには、看護師等による訪問看護や薬剤師による居宅療養管理指導（月２～４回まで）があります。なお、訪問介護の服薬に関する援助で行うことができるのは、薬の準備、声かけ、確認、片づけや一包化された薬の内服の介助です。「服薬管理」と記載することはできませんので注意しましょう（訪問看護等では OK)。

#不安　#心地よい空間　#毎日を安心して過ごせるようにしたい　#BPSD

ニーズ Check!	長期目標	短期目標
❶場所や人がわからず、不安な気持ちが大きいが、心地よい空間で、毎日を安心して過ごせるようにしたい	安心して毎日をおだやかに過ごせる	いまの不安を少しでも緩和できる

#もの忘れ　#お金のことはすべて人まかせにせず、自分でも決めたい　#家計

ニーズ	長期目標	短期目標
もの忘れもあるが、お金のことはすべて人まかせにせず、自分でも決めたい	家計について、家族と一緒に管理することができる	・家族と一緒に、家計簿をつける ・財布をもって買い物に行くことができる

#イライラ　#笑顔で過ごす　#決まった時間に薬を飲む　#家族以外の人との交流

ニーズ	長期目標	短期目標
イライラすることも多いが、おだやかな気持ちで家族と接し、毎日を過ごしていきたい	家族と仲良く、笑顔で過ごすことができる	・家族以外の人とも会話をする ・決まった時間に薬を飲む

#夜はぐっすりと眠って　#在宅生活　#生活リズム　#医師の生活指導　#買い物同行

ニーズ	長期目標	短期目標
夜はぐっすりと眠って、夫婦でおだやかな生活を送りたい	夫婦での在宅生活を続けることができる	夜しっかりと眠り、生活リズムを整えることができる

← ここがポイント ― Check!

❶ 見当識障害と記載しなくても、利用者の状態が伝わる表現となっています。わかりやすい表現で、利用者のニーズを伝えましょう。

❷ 不安感の解消には、専門医への受診で正しい知識を身につけることも大切となります。

㋫ …介護保険対象

#思い出し法　#心地よい生活空間　#訪問看護　#通所介護

サービス内容	種別
1 ❷定期的な受診による病気や服薬への正しい理解	1 本人、長女
2 健康チェック、服薬指導	2 訪問看護 ㋫
3 言動の掘り下げによる BPSD への対応、受容と共感を意識した言葉かけ	3・4 通所介護 ㋫
4 思い出し法などによる記憶への援助	5 長女
5 心地よい生活空間のくふう	

Check!

#財布をもって買い物　#家族と家計簿を記入　#買い物同行　#訪問介護

サービス内容	種別
1 家族と家計簿を記入する	1 本人、家族
2 買い物同行	2 訪問介護 ㋫

#服薬管理　#体調チェック　#服薬介助

サービス内容	種別
1 定期的な受診による病気や服薬への理解、健康チェック、服薬のチェック	1 本人、家族
2 家族以外の人との交流	2 通所介護 ㋫
3 服薬管理、体調チェック	3 訪問看護 ㋫
4 服薬介助	4 訪問介護 ㋫

#運動　#外出同行

サービス内容	種別
1 定期的な受診による医師の生活指導	1 主治医
2 買い物同行、運動を兼ねた日中の外出同行	2 訪問介護 ㋫

♂ 援助の Key …… 「認知」

　この領域に課題がある人は、認知症があるケースが多いと思われます。認知症の初期では、本人や家族の不安感を解消することも重要です。医療機関への受診もケアプランに位置づけましょう。BPSD（P139）への対応、家族の介護負担軽減といった点にも留意しましょう。

#会話がかみあわない　#活動的　#認知症　#心身のリハビリテーション訓練

ニーズ	長期目標	短期目標
会話がかみあわないことも多いが、いつまでも元気で、病気が進行しないようにしたい	活動的でいられる	認知症の進行が遅くなる

#もの忘れ　#単調な生活　#認知症　#毎日の楽しみ　#多くの人と交流　#趣味

ニーズ	長期目標	短期目標
最近もの忘れが多く単調な生活で心配だが、認知症にならずにこのまま安心して暮らしていきたい	認知症にならずに生活できる	・毎日の楽しみを見つけることができる ・外に出て、多くの人と交流することができる

#もの忘れ　#書類の管理　#手続き　#不安をなくす　#本人と一緒に確認

ニーズ	長期目標	短期目標
もの忘れが多くなったが、自分で書類の管理を行いたいので手伝ってほしい	書類が整理されている状態で、必要な手続きがスムーズにできる	・書類の管理を一緒にできる ・手続きについての不安をなくすことができる

#もの忘れ　#一人暮らし　#不安なく安全に生活を送りたい　#緊急時の連絡　#施錠

ニーズ	長期目標	短期目標
もの忘れがあり、一人暮らしで心配だが、❷不安なく安全に生活を送りたい　Check!	緊急時の連絡ができ、❷安心して生活できる	毎日の安全を確保できる

― ここがポイント ― Check!

❶ 毎日の楽しみを見つけて継続できること、社会参加できるように援助することは大切です。

❷ 「安心」「安全」は重要なキーワードです。そのためにどのような援助が必要になるか、具体的に考えます。

保 …介護保険対象

#音楽療法　#五感を使うアプローチ　#生活動線　#住宅改修プランナー

サービス内容
1 心身のリハビリテーション訓練、音楽療法、五感を使うアプローチ
2 生活動線の確認、専門家の助言を受ける
3 健康チェック（特に不眠や脱水がないかなど）

種別
1 通所介護 保
2 住宅改修プランナー
3 訪問介護 保

#レクリエーションへの参加

サービス内容
Check!
1 ❶本人の趣味（俳句、園芸）ができる環境を整える
2 レクリエーションへの参加による多くの人との交流

種別
1 ケアマネジャー 保
2 通所介護 保

#日常生活自立支援事業　#社会福祉協議会

サービス内容
1 書類について本人と一緒に確認する
2 日常生活自立支援事業（書類管理）の利用

種別
1 ケアマネジャー 保
2 社会福祉協議会

#チェック表　#緊急通報装置

サービス内容
1 施錠、暖房器具の消し忘れなどのチェック
2 チェック表の作成
3 緊急通報装置の情報提供、設置の検討

種別
1 近隣に住む長女
2 本人、長女
3 ケアマネジャー 保

♂ 援助の Key …… BPSD

　認知症の中核症状（記憶障害、見当識障害など）に伴い、周辺症状としてみられる心理症状（妄想、せん妄、不眠など）と行動障害（徘徊など）を BPSD（認知症の行動・心理症状）といいます。治療では、回想法（思い出し法）、音楽療法などの療法的アプローチも有効です。

問題行動

#昼夜逆転 #生活リズム #安眠 #BPSD #散歩 #日中の活動量 #水分摂取量

ニーズ	長期目標	短期目標
昼夜逆転を改善し、自分も家族も安心して生活したい	生活リズムが整い、安眠できる	日中に適切な量の水分をとり、昼夜逆転することが少なくなる

#道に迷い #安全に外出 #生活リズム #散歩の付き添い #通所介護 #見守り

ニーズ	長期目標	短期目標
１人で出かけて道に迷い、帰れなくなることがあるが、安全に外出したい	定期的な外出で生活リズムをつくる	毎日の習慣をつくり、安全に外出できるようにする

#暴言 #精神的 #本人の性格 #受容の態度 #言葉づかい #雑談 #気分転換

ニーズ	長期目標	短期目標
人に対して暴言を吐いてしまうことがあるが、気持ちよくみなと食事がしたい	精神的に落ち着いて生活できる	暴言を吐くことなく過ごせる

#おむつ #不快 #清潔に過ごしたい #定期的にトイレに行く #排泄パターン

ニーズ	長期目標	短期目標
おむつの中に手を入れて汚してしまうことが多いが、不快な思いをすることなく、清潔に過ごしたい	不快な思いをすることなく、清潔に、気持ちよく暮らせる	日中はおむつをはずし、定期的にトイレに行くことができる

― ここがポイント ― Check!

❶ 水分摂取量の低下により、BPSD が引き起こされることがあり、チェックしておきたい項目です。

❷ 徘徊は無理に止めると逆効果になることがあります。日中であれば見守りによる支援も検討しましょう。

保 …介護保険対象

サービス内容

1 BPSDへの理解、対応
2 日中の散歩、散歩の介助
3 レクリエーションや運動による日中の活動量
　の向上
4 ①水分摂取量の向上を図る Check!

種別

1 訪問介護 保
2 妻
3 通所介護 保
4 訪問介護 保
　通所介護 保

#ボランティア

サービス内容

1 午前中の散歩の付き添い（隔日）
2 定期的な通所介護の利用（隔日）
3 ②1人で散歩をしているときの見守り Check!

種別

1 ボランティア
2 通所介護 保
3 ご近所

サービス内容

1 本人の性格にあわせた対応、受容の態度で接
　する、言葉づかいに配慮する
2 テーブル席の配置に配慮する
3 適切な言葉かけや雑談、散歩などで気分転換
　を図る

種別

1〜3 認知症対応型通所
　　　介護 保

#座位排便 #訪問介護

サービス内容

1 排泄パターンの把握による、おむつはずし
2 座位排便を促す

種別

1・2 訪問介護 保

♂ 援助の Key …… 「問題行動」

　問題行動（行動障害）は、適切な介護や対応で改善が見込めます。本人の表面的な態度や言動にとらわれず、その行動が現れる原因をまず考えていきましょう。本人にとって安全、安心な環境の提供、介護負担軽減といった視点が重要です。

#やる気が起こらない　#愛犬　#役割をもって過ごしたい　#レクリエーション

ニーズ	Check!	長期目標	短期目標
何もやる気が起こらないことが多いが、❶愛犬のはなちゃんの世話をしながら、役割をもって過ごしたい		昼間、寝ないで活動的に過ごすことができる	• 家事を少しでも自分で行う　Check! • はなちゃんと夕方❷10分の散歩ができる

#着替え　#清潔に過ごせるようにしたい　#身だしなみ　#不安を少なくする

ニーズ	長期目標	短期目標
身体を動かされることに抵抗があるが、毎日着替えをして、清潔に過ごせるようにしたい	身だしなみを整え、気持ちよく生活できる	介助を受ける際の不安を少なくすることができる

#もの盗られ妄想　#信頼関係　#安心して毎日を過ごせる　#不安　#本人の気持ち

ニーズ	長期目標	短期目標
もの盗られ妄想があるが、人を攻撃せずに信頼関係を築きたい	信頼関係を築き、安心して毎日を過ごせる	不安になることなく、もの盗られ妄想の訴えが少なくなる

#夜間の不穏や徘徊　#生活リズム　#安心して眠る　#日中の活動量

ニーズ	長期目標	短期目標
夜間の不穏や徘徊があるが、生活リズムを正し、夫婦で安心して眠れるようにしたい	安心して眠ることができる	生活リズムをつくることができる

― ここがポイント ― Check!

❶ 愛犬のはなちゃんの名前を入れることで、本人がより具体的にイメージをもって取り組めます。

❷ すぐに取り組めて、達成感のある目標を立てましょう。

保 …介護保険対象

#料理や掃除を一緒に　#音楽療法　#思い出し法　#散歩同行

サービス内容	種別
1 料理や掃除を一緒に行う 2 レクリエーションの参加、音楽療法、思い出し法 3 愛犬のはなちゃんと散歩、散歩同行	1 訪問介護 保 2 通所介護 保 3 本人、長女

#介助の際に声をかける　#自尊心を尊重　#ていねいな対応

サービス内容	種別
1 介助の際に声をかけて、本人が不安なく介助を受けられるようにする 2 本人の自尊心を尊重し、本人の気持ちに沿ってていねいな対応をする	1・2 訪問介護 保

#訴えを聴く　#大切なものを毎日一緒に確認

サービス内容	種別
1 本人の気持ちに寄り添い、訴えを聴く 2 大切なものを毎日一緒に確認する習慣をつける	1・2 家族

#介護者の負担を軽減　#短期入所生活介護

サービス内容	種別
1 短期入所サービスの利用により、日中の活動量を増やし、生活リズムをつくる 2 介護者の負担を軽減する	1・2 短期入所生活介護 保

♂ 援助の Key …… 認知症対応型通所介護

　地域密着型サービスのひとつで、認知症の方を対象とした通所介護です。居宅サービスの通所介護より利用料金は高くなりますが、地域に密着したサービスであり、通所介護よりも小規模で個別ケアが可能といった点に特徴があります。

コミュニケーション能力

#交流の場　#耳鳴り　#コミュニケーション　#毎日親しく話す　#定期受診

ニーズ	長期目標	短期目標
❶交流の場がなく寂しい思いもある。耳鳴りがあるが、いつも人と交流していたい　Check!	耳鳴りを気にすることなく、コミュニケーションをとることができる	• 耳鳴りを気にする頻度を少なくすることができる • 毎日親しく話すことができる

#会話が成立しない　#自分の思うことを伝えたい　#家族以外の人　#話し相手

ニーズ	長期目標	短期目標
主語が抜けたり、言葉が出てこなくて会話が成立しないことが多いが、自分の思うことを伝えたい	自分の気持ちをいつでも伝えることができる	定期的に、家族以外の人と話し、自分の気持ちを伝えることができる

#その場にそぐわない言動　#精神的に安定　#会話の機会　#レクリエーション

ニーズ	長期目標	短期目標
その場にそぐわない言動や行動をとることが多いが、会話の場面を増やして落ちついて人と交流したい	会話を増やして、精神的に安定した毎日を送ることができる	会話の機会を多くすることができる

#会話がかみあわない　#コミュニケーション　#自分の意思を表現

ニーズ	長期目標	短期目標
会話がかみあわないことも多いが、コミュニケーションを欠かさないようにしたい	毎日会話が続けられ、自分の意思を表現できる	言葉のキャッチボールができる

ここがポイント　Check!

❶ 「寂しい」「つらい」という本人の言葉や表現も取り入れていきましょう。だから「〜したい」というイメージがわきます。

❷ 適切な対応について、スタッフ全員で情報共有することは大切です。

®…介護保険対象

#他者との交流　#短縮ボタン

サービス内容	種別
1 専門医の定期受診、耳鳴りの対応についての相談	1 本人
2 通所介護の利用による他者との交流（週2）	2 通所介護 ®
3 姉妹との電話（短くても毎日）	3 本人、姉妹
4 使いやすい電話（短縮ボタン）の利用	4 本人

#生活歴を把握　#言葉が抜けている部分を補う　#訪問介護

サービス内容	種別
1 話し相手となる	1・2 訪問介護 ®
2 本人の生活歴を把握し、会話時に伝えたい言葉が抜けている部分を補うようにする	

#声かけ　#交流支援　#話し相手

サービス内容	種別
1 レクリエーションでの声かけ、交流支援	1 通所介護 ®
2 訪問時の声かけ、話し相手	2 訪問介護 ® ケアマネジャー ®

#言葉のキャッチボール　#ヒントを示す　#質問形式

サービス内容	種別
1 人や物の名前が出てこないときはヒントを示す Check!	1〜3 訪問介護 ®
2 ❷「はい」「いいえ」で答えられる質問形式にする	通所介護 ®
3 会話中に気をそらさないように声かけをする	携わるスタッフ全員

♂ **援助の Key** ……「コミュニケーション能力」

　意思の伝達能力や視力、聴力を評価し、困りごとが生じている場合は、言語療法などの身体機能へのアプローチのほか、代替コミュニケーション手段の検討や適切な介護などの援助も大切です。コミュニケーションの機会も確保し、本人の意欲を高めます。

コミュニケーション能力

#構音障害　#自分の気持ちを伝えたい　#リハビリテーション

ニーズ	長期目標	短期目標
構音障害があるため、❶思うように話せないが、人に自分の気持ちを伝えたい	ときどきうまく話せなくても、自分の気持ちを伝えることができる	・リハビリテーションに取り組むことができる ・言葉以外に伝える方法を確保できる

（Check! マーク付き）

#パーキンソン病　#会話がスムーズにできる　#言語訓練　#会話を引き出す　#歌

ニーズ	長期目標	短期目標
パーキンソン病により言葉がうまく出ないが、はっきり言葉が出るようにしたい	近隣者との会話がスムーズにできる	安心して話せる

#目がよく見えない　#生きがい　#他者との交流　#軽作業　#方向感覚

ニーズ	長期目標	短期目標
目がよく見えないが、毎日を生きがいをもって暮らしたい	生きがいをもって生活できる	外に出て楽しく過ごせる

#ALS　#意思疎通　#自分の思いを伝えたい　#コミュニケーションの方法を確保

ニーズ	長期目標	短期目標
ALSにかかり、他人との意思疎通が難しくなってきたが、自分の思いを伝えたい	コミュニケーションがいつでもできる	コミュニケーションの方法を確保する

← ここがポイント ― Check!

❶ 「思うように話せない」現状と、「人に自分の気持ちを伝えたい」の間に、短期目標や援助内容の文言とをあてはめ、具体性のある援助内容になっているかチェックしましょう。
❷ 代替可能なコミュニケーション手段の知識も大切です。

㋫…介護保険対象

#言葉以外に伝える方法　#言語訓練　#交換日記　#ボードの設置

サービス内容
1 言語訓練
Check!
2 ❷交換日記の作成、コミュニケーションボードの設置

種別
1 通所リハビリテーション ㋫
2 家族

#レクリエーション　#嚥下訓練

サービス内容
1 言語訓練
2 会話や交流を支援（会話を引き出す、歌やレクリエーションへの参加により発声や嚥下訓練をする）

種別
1 訪問リハビリテーション ㋫
2 通所介護 ㋫

#脳トレーニング　#回想法

サービス内容
1 生活の活性化を支援（視力障害へのフォロー、他者との交流を促す、レクリエーションや軽作業の介助）
2 方向感覚を回復する（声かけの徹底統一）
3 脳トレーニングや回想法の提供

種別
1～3 通所介護 ㋫

#パソコン　#使用方法の指導　#ボランティア

サービス内容
1 パソコンの利用
2 障害があっても利用しやすいパソコンの使用方法の指導

種別
1 本人
2 ボランティア

♂ 援助の Key …… 障害者総合支援法との併給

　障害者総合支援法の給付と介護保険の給付で内容が重なるものは、介護保険の給付が優先しますが、障害者施策固有のサービスは、障害者施策から給付を受けることができます。補装具費の支給、日常生活用具給付など、使えるサービスについて調べておきましょう。

147

社会とのかかわり

#筋力低下 #痛み #人とのつながり #明るい気持ちで過ごす #おしゃべり

ニーズ	長期目標	短期目標
筋力低下や痛みがあり、体調を崩しやすいが、閉じこもらず、人とのつながりはもっていたい	いつも人とのつながりを感じ、明るい気持ちで過ごすことができる	定期的に外出しておしゃべりができる

#夫が施設入所 #元気を取り戻したい #自宅 #夫との時間を過ごす

ニーズ	長期目標	短期目標
夫が施設に入所し寂しい。夫に定期的に会って、元気を取り戻したい	定期的に自宅で、夫との時間を過ごすことができる	定期的に夫と面会できる

#気分の変動 #集団行動 #おだやかに人と交流を図る #会話 #家族と外出

ニーズ	長期目標	短期目標
気分の変動が激しく集団行動が難しいが、おだやかに会話をしたり、その場の雰囲気を楽しみたい	おだやかに人と交流を図ることができる	家族や親しい人と会話する機会を定期的にもつ

#歩行が困難 #列車 #旅行 #歩行を安定 #散歩 #旅行計画 #本人の意欲

ニーズ	長期目標	短期目標
今は歩行が困難だが、妹と列車に乗って、京都や奈良に旅行ができるようになりたい	列車に乗って、遠出することができる	歩行を安定させて、近所の公園へ出かけることができる

ここがポイント Check!

❶ 美容院など、本人が外出したいと思える動機づけは大切です。
❷ 積極的に関係機関と連携や調整をして、本人が望む生活をかなえるのがケアマネジャーの役割です。

㊟…介護保険対象

#外出介助　#集団でのレクリエーション

サービス内容	種別
1 月に1回、**❶**美容院への外出介助 <small>Check!</small>	1 長女
2 週に1回、なじみの商店街への買い物同行	2 訪問介護 ㊟
3 集団でのレクリエーション、おしゃべり	3 通所介護 ㊟

#夫の入所施設と連携　#自宅での面会　#介護タクシー

サービス内容	種別
1 定期的に夫と面会できるよう送迎 <small>Check!</small>	1 介護タクシー
2 **❷**夫の入所施設と連携を図り、自宅での面会	ボランティア
ができるように援助を進めていく	2 ケアマネジャー ㊟

#友人の家　#外出同行

サービス内容	種別
1 1日のうち、家族と会話できる時間をもつ	1 妻
2 月に何回か、家族と外出できる	2 長男家族
3 友人の家への外出同行	3 妻

サービス内容	種別
1 散歩の同行	1・2 家族
2 旅行計画を一緒に立てて、本人の意欲を引き	
出す	

♂ 援助の Key …… 「社会とのかかわり」

　高齢期に生じる喪失体験として、「心身の健康」「経済的基盤」「社会的なつながり」「生きる目的」の4つの喪失がよくあげられます。こうした喪失感や孤独感をどのように意欲へと転換できるか、利用者の生活歴も踏まえて、援助を位置づけていきましょう。

社会とのかかわり

#もの忘れ #外出 #四季を感じる #近所の公園 #町内の季節の行事

ニーズ	長期目標	短期目標
もの忘れがあり、1人で外に出ることができなくなってしまったが、もう一度外に出て季節を感じたい	外出し、四季を感じることのできる行事に参加する	買い物をしたり、近所の公園に外出できる

#行動意欲が低下 #おしゃれ #デパートで自分の好きな服を買う #美容院

ニーズ	長期目標	短期目標
行動意欲が低下しているが、おしゃれをして外出できるようになりたい	デパートで自分の好きな服を買うことができる	近所の美容院に月1回行き、身だしなみを整えることができる

#脳血管障害 #麻痺 #囲碁仲間 #囲碁を楽しむ #交流 #練習につきあう #家族

ニーズ Check!	長期目標	短期目標
脳血管障害の後遺症で麻痺が残り、外出の機会が減ったが、❶仲間との囲碁が続けられるようにしたい	囲碁のサークルに自分で出向き、囲碁を打つことができる	囲碁仲間と月に2回は囲碁を楽しむことができる

#息切れ #愛犬 #散歩 #世話 #携帯式の酸素ボンベ #散歩同行 #酸素業者

ニーズ	長期目標	短期目標
息切れがあるが、愛犬モモちゃんとの散歩を再開できるようになりたい	モモちゃんの世話を行いながら、体調良く過ごせる	モモちゃんと夕方の散歩に行ける

← ここがポイント ← Check!

❶ 趣味仲間がいれば、それも積極的にケアプランに位置づけましょう。
❷ 本人の地域でのつながりや交友関係も把握してケアプランに位置づけましょう。

㊷…介護保険対象

#外出ボランティア

サービス内容	種別
1 近所の公園を通って買い物の同行 2 町内の季節の行事について調べる 3 散歩の同行	1 訪問介護 ㊷ 2 長男 　ケアマネジャー ㊷ 3 外出ボランティア

#身だしなみ　#コーディネート　#意欲を引き出す声かけ

サービス内容	種別
1 月に1回、美容院への外出の同行 2 衣類を一緒に整理したり、コーディネートを一緒に考える 3 意欲を引き出す声かけ	1〜3 家族（長女）

サービス内容	種別
1 囲碁仲間との交流を支援 2 囲碁の練習につきあう	1・2 家族

#隣人　#愛犬仲間

サービス内容	種別
1 携帯式の酸素ボンベのレンタル 2 愛犬との散歩同行、援助	1 酸素業者（医療保険適用） 2 ❷近所のKさん（愛犬仲間） Check!

♂ 援助の Key …… 訪問介護での散歩の同行

　散歩の同行は、「自立生活支援のための見守り的援助（自立支援、ADL向上の観点から安全を確保しつつ常時介助できる状態で行う見守り等）」に該当するものと考えられる場合には、訪問介護として給付可能であるということが国の通知で示されています。

排尿・排便

#トイレに間に合わない #排泄を失敗しないようにしたい #転倒の不安

ニーズ Check!	長期目標	短期目標
❶動作に時間がかかるため、トイレに間に合わないことがあるが、1人でも排泄を失敗しないようにしたい	失敗なく、1人でトイレに行くことができる	転倒の不安をなくし、夜はポータブルトイレで排泄することができる

#便秘 #不快感 #便秘がなくすっきりする #運動量 #自然排便 #排便チェック

ニーズ	長期目標	短期目標
便秘による不快感を緩和して、気持ちよく過ごしたい	毎日、便秘がなくすっきりする	日中の運動量を増やし、自然排便を促す

#尿意 #失禁 #自尊心を保つ #排尿サイン #トイレ誘導 #排泄パターン

ニーズ	長期目標 Check!	短期目標
尿意を訴えることができず、失禁してしまうことがあるが、恥ずかしい思いをすることなく気持ちよく過ごしたい	失禁が減り、❷自尊心を保つことができる	失禁する前にトイレに行くことができる

#立ち上がり #排泄へのこだわり #なるべく介助を受けたくない #ギャッチベッド

ニーズ	長期目標	短期目標
立ち上がりに時間がかかるが、排泄へのこだわりもあり、なるべく介助を受けたくない	行きたいときに、自分でトイレに行くことができる	失禁の失敗を少なくする

― ここがポイント ― Check!

❶ 機能性の尿失禁は、動作をサポートすることで改善の可能性があります。
❷ 本人の羞恥心や自尊心に配慮した対応は大切です。

#サポーター　#自助具　#家具の配置　#夜間のポータブルトイレ

サービス内容	種別
1 動作を補助する装具（サポーター）や便利な道具（自助具）の利用について検討	1・2 ケアマネジャー ⊕ 家族
2 トイレへの動線で転倒しないよう家具の配置の検討、片づけ	3 特定福祉用具販売 ⊕
3 夜間のポータブルトイレの使用	

#繊維質の多い食事　#散歩

サービス内容	種別
1 排便チェック、服薬・生活指導	1 訪問看護 ⊕
2 繊維質の多い食事の提供	2 妻
3 日中の適度な散歩・散歩の同行	3 本人、妻

#水分摂取量

サービス内容	種別
1 排尿サインの把握	1〜3 家族
2 時間を決めてトイレ誘導を行い、排泄パターンを把握する	短期入所生活介護 ⊕
3 失禁後の声かけや自尊心への配慮	

#夜間のポータブルトイレ　#下肢筋力　#通所リハビリテーション

サービス内容	種別
1 ギャッチベッドによる立ち上がり動作の補助	1 福祉用具貸与 ⊕
2 夜間のポータブルトイレの導入	2 特定福祉用具販売 ⊕
3 下肢筋力の維持・強化	3 通所リハビリテーション ⊕

♂ 援助の Key ……「排尿・排便」

　失禁の状況や排尿・排便後の後始末などのアセスメント結果に応じ、24時間の生活のなかで、いつ、どのような頻度で介助が必要となるのかを考えましょう。失禁の状況により、感染予防といった視点も必要です。

#昼夜おむつ　#トイレで排泄したい　#おむつがはずれ、気持ちよく過ごす

ニーズ	長期目標　Check!	短期目標
尿意・便意がなく、昼夜おむつをしているが、トイレで排泄したい意欲がある	❶おむつがはずれ、気持ちよく過ごすことができる	介助によりポータブルトイレで排泄できる

#自力で排便　#排便管理　#下剤　#摘便　#訪問看護　#短期入所療養介護

ニーズ	長期目標	短期目標
自力で排便をすることができないため、定期的な排便管理が必要である	排便を十分に管理できる	定期的に排便をすることができる

#意欲の低下　#尿もれ　#清潔な身体でいたい　#トイレへの誘導　#おむつ交換

ニーズ	長期目標	短期目標
意欲の低下があるが、尿もれなどをなくし、清潔な身体でいたい	清潔な環境で暮らせる	尿もれをなくす

#夜間にトイレの場所をまちがえずに行ける　#便秘を解消　#声かけ

ニーズ	長期目標	短期目標
自分で夜間のトイレも失敗なく行えるようになりたい	夜間もトイレを気にせずに過ごせる	・夜間にトイレの場所をまちがえずに行ける ・便秘を解消する

--- **ここがポイント** --- Check!

❶ 家族の介護負担軽減から、安易に24時間おむつを使う状態は避けたいものです。本人の意欲が導き出せていれば、ケアプランに取り入れましょう。

❷ 環境整備を行うという観点も大切です。

保…介護保険対象

#ポータブルトイレ　#排尿パターン　#座位排便　#訪問介護

サービス内容	種別
1 排尿パターンの把握 2 ポータブルトイレの介助 3 座位排便を促す	1～3 訪問介護 保

サービス内容	種別
下剤の服用管理、摘便	訪問看護 保 短期入所療養介護 保

#口腔ケア　#入浴

サービス内容	種別
1 トイレへの誘導、おむつ交換 2 洗面や口腔ケア指導 3 入浴の提供（入浴介助、着替え介助） 4 夜間のおむつ交換	1～3 通所介護 保 4 訪問介護（巡回型） 保

#トイレへの経路に矢印　#常夜灯　#繊維質の多い食事　#運動量

サービス内容	種別
1 排泄への声かけと見守り 2 ❷トイレへの経路に矢印、常夜灯をつける（Check!） 3 バランスの良い繊維質の多い食事、日中の運動量を増やす	1 家族、訪問介護 保 2 家族 3 家族、通所介護 保

援助の Key …… 便秘への対応

慢性的な便秘は、高齢者に多くみられます。どうしても不可能な場合を除き、できるかぎり自力排便を促すことが大切です。十分な水分摂取、規則正しい食事と繊維質の多い食品の摂取、適度な運動、ポータブルトイレの活用などを検討します。

#手足指の変形　#水虫　#皮膚のトラブル　#皮膚の赤みやただれ　#皮膚状態の観察

ニーズ	長期目標	短期目標
手足指の変形があるため、水虫や皮膚のトラブルが頻繁にあり不安だが、医療とのかかわりで安心して生活できるようにしたい	皮膚のトラブルがなく、安心して生活できる	水虫を治療し、皮膚の赤みやただれ、かゆみが改善される

#褥瘡　#褥瘡にならずに快適に生活できる　#除圧　#体位変換　#皮膚状態の観察

ニーズ	長期目標	短期目標
自分で判断して身体を動かしにくいが、褥瘡を予防し、苦痛なく過ごしたい	❷褥瘡にならずに快適に生活できる 褥瘡→床ずれ	介助を受け、褥瘡の予防に有効な動作ができる

#皮膚のトラブル　#予防　#皮膚のトラブルなく過ごすことができる　#入浴　#清拭

ニーズ	長期目標	短期目標
昼夜寝ていることが多いため、皮膚のトラブルを予防し、安心につなげたい	皮膚のトラブルなく過ごすことができる	定期的に皮膚の状態を観察できる

#床ずれ　#痛みなく過ごしたい　#悪化防止　#改善　#患部の洗浄　#栄養状態

ニーズ	長期目標	短期目標
仙骨部に床ずれがあり、治癒しにくい状態だが、完治させて痛みなく過ごしたい	床ずれが完治する	床ずれの悪化防止と改善ができる

--- **ここがポイント** --- Check!

❶ 家族以外の定期的なチェック、皮膚状態の見守りもあれば、安心につながります。

❷ 「褥瘡」でも良いのですが、利用者本人のイメージしやすい言葉に置き換えてみましょう。

㋳ …介護保険対象

外用薬 # 清潔の援助

サービス内容　Check!
1 定期受診による処置
2 ❶皮膚状態の観察
3 外用薬の塗布
4 清潔の援助

種別
1 病院
2 訪問看護 ㋳
3 本人
4 訪問看護 ㋳

特殊寝台 # エアーマット

サービス内容
1 車いす使用時の定期的な除圧
2 臥床時の定期的な体位変換および家族への指導
3 皮膚状態の観察
4 福祉用具のレンタル（特殊寝台、エアーマット）

種別
1～3 訪問介護 ㋳
4 福祉用具貸与 ㋳

皮膚状態の観察 # 通所介護

サービス内容
1 入浴・清拭の援助
2 皮膚状態の観察

種別
1・2 通所介護 ㋳

改善指導

サービス内容
1 医師の指示のもと、床ずれの処置を行う
2 患部の洗浄
3 たんぱく質の摂取など栄養状態の改善指導

種別
1～3 訪問看護（医療保険）

♂ 援助の Key …… 「褥瘡・皮膚の問題」

　褥瘡（床ずれ）や皮膚にかかわるニーズでは、予防介護の視点も重要です。寝たきりである人、認知症などで褥瘡予防に有効な動作が自分でできない人、栄養状態が悪い人などリスクの高い人に対して、ケアマネジャーとして今後の見通しを踏まえて援助を取り入れていきましょう。

褥瘡・皮膚の問題

#栄養状態　#床ずれ　#栄養指導　#栄養価の高い料理　#体位変換　#清潔

ニーズ	長期目標	短期目標
寝ていることが多くやせているが、❶栄養状態を改善して、床ずれをつくらないようにしたい Check!	床ずれを予防できる	栄養状態を改善する

#体調が低下　#寝返りができない　#床ずれ　#在宅　#低床ギャッチベッド

ニーズ	長期目標	短期目標
体調が低下し、自分では寝返りができないが、夫の負担を軽減しながら床ずれをつくらないようにしたい	床ずれを予防し、在宅で療養できる	介護負担を軽減し、床ずれを予防できる

#パーキンソン病　#床ずれ　#予防　#身体を保温　#清潔を保つ　#手すり　#寝返り

ニーズ	長期目標	短期目標
パーキンソン病があるが、身体を清潔にし、床ずれをつくらないように予防する必要がある	床ずれの発生を防ぐ	• 1人で寝返り・起き上がりができる • 身体を保温し、清潔を保つことができる

#床ずれ　#痛みを軽くしたい　#悪化を防ぐ　#医学的管理　#福祉用具　#体位変換

ニーズ	長期目標	短期目標
硬い布団で寝返りも打てず、床ずれが重度化している。床ずれを治して痛みを軽くしたい	床ずれのない状態で過ごせる	• 床ずれを治療する • 安楽な体位で過ごし、床ずれの悪化を防ぐ

← ここがポイント — Check!

❶ 褥瘡予防では、圧迫・不潔・湿潤の排除のほか、栄養状態の改善が重要です。

❷ 急性期では、訪問看護は介護保険ではなく医療保険からの給付となります。

(保)…介護保険対象

#居宅療養管理指導

サービス内容	種別
1 栄養指導 2 食べやすく栄養価の高い料理のくふう 3 定期的な体位変換 4 シーツのこまめな交換、清潔への支援	1 居宅療養管理指導 (保) 2〜4 家族

#除圧マットレス　#予防介助

サービス内容	種別
1 特殊寝台の活用（低床ギャッチベッド、除圧マットレス、サイドレール、介助バー） 2 床ずれの予防介助	1 福祉用具貸与 (保) 2 訪問看護 (保)

#入浴　#足浴

サービス内容	種別
1 ベッド横に手すり、エアーマットの弾力を生かし寝返りをする 2 入浴の提供（洗身の介助、湯船での保温） 3 介護者の相談対応 4 足浴、清拭介助	1 福祉用具貸与 (保) 2〜4 通所介護 (保) 2〜4 訪問看護 (保)

#栄養改善指導

サービス内容	種別
1 往診による床ずれの医学的管理 2 医師の指示に基づく褥瘡の処置 3 福祉用具の利用（特殊寝台、エアーマット） 4 体位変換 5 清潔への支援 6 栄養改善指導	1 医師 2 ❷訪問看護（医療保険）　Check! 3 福祉用具貸与 (保) 4・5 訪問介護 (保) 6 保健師

♂ 援助の Key …… 医療保険からの給付となる訪問看護

要介護者等でも、末期悪性腫瘍や神経難病などの患者、病状が急性増悪時にある患者は、介護保険ではなく医療保険から訪問看護が給付されます。真皮を越える褥瘡の状態や気管カニューレを使用している場合は、1か月28日間まで算定可能です。

#手指の痛み　#歯磨き　#いつまでも健康な歯でおいしく食事をしたい　#虫歯

ニーズ	長期目標	短期目標
手指の痛みにより十分な歯磨きができないが、いつまでも健康な歯でおいしく食事をしたい	虫歯にならずに、食事をおいしく食べられる	歯磨きするときの手指の痛みを軽減する

#自分で歯磨きができない　#口の中をさっぱりさせて気持ちよく過ごしたい　#虫歯

ニーズ	長期目標	短期目標
自分で歯磨きができないが、口の中をさっぱりさせて気持ちよく過ごしたい	虫歯にならずに、今ある歯を維持できる	介助や指導を受けて歯磨きをし、清潔を保てる

#舌苔　#嫌な思いをしないで口腔内を清潔にしたい　#口腔衛生　#舌磨き

ニーズ Check!	長期目標	短期目標
舌苔があるが、❷嫌な思いをしないで口腔内を清潔にしたい	口腔衛生が保持できる	舌磨きができる

#意欲が低下　#自分で朝と夜、歯磨きができる　#歯磨き指導　#清潔への認識

ニーズ	長期目標	短期目標
意欲が低下しているが、定期的に歯磨きを行っていきたい	自分で朝と夜、歯磨きができる	指導を受けながら、定期的に歯磨きができる

── ここがポイント ── Check!

❶ 居宅療養管理指導は、ケアプランに組み込まなくても利用者は現物給付が受けられますが、援助内容を明確にするためにもあらかじめケアプランに位置づけましょう。

❷ 不快な気持ちを軽減することも重要な課題です。

㋫ …介護保険対象

#電動歯ブラシ #自助具 #歯科医の定期点検

サービス内容
1 電動歯ブラシの使用
2 使いやすい自助具の情報提供
3 歯科医の定期点検

種別
1 本人
2 ケアマネジャー ㋫
3 歯科医

#今ある歯を維持 #歯科衛生指導 #舌磨き #歯科医の定期点検

サービス内容
1 歯科衛生指導
2 歯磨き、舌磨きの介助
3 歯科医の定期点検

種別   Check!
1 ❶居宅療養管理指導 ㋫
2 訪問介護 ㋫
　家族
3 歯科医

#歯科衛生指導 #不快 #声かけ

サービス内容
1 歯科衛生指導
2 本人の不快を軽減できるように声かけに留意し、舌磨きを行う

種別
1 居宅療養管理指導 ㋫
2 訪問介護 ㋫
　訪問看護 ㋫

#洗面 #口腔ケア

サービス内容
1 清潔への認識を強化する
2 洗面や口腔ケアへの誘導

種別
1・2 通所介護 ㋫
　　　訪問介護 ㋫

♂ **援助の Key** ⋯⋯「口腔衛生」

　口腔ケアは、介護予防の重点課題とされており、低栄養や疾患の予防においても重要です。ケアマネジャーは、口腔の課題分析をしっかりと行い、口腔ケアの指導、介助や福祉用具の活用などを援助に位置づけましょう。

口腔衛生

#入れ歯　#食事をおいしく食べられるようにしたい　#口腔の状態　#義歯

ニーズ Check!	長期目標	短期目標
入れ歯を調整して毎日の食事を❶おいしく食べられるようにしたい	毎日の食事がおいしく食べられる	入れ歯の調整をする

#慢性閉塞性肺疾患　#体調に波　#歯磨き　#誤嚥性肺炎　#口腔の清潔　#生活指導

ニーズ Check!	長期目標	短期目標
❷慢性閉塞性肺疾患により体調に波があるが、できるときは自分で歯磨きをして誤嚥性肺炎を防ぎたい	口腔の清潔を保つことができる	体調にあわせて、必要な介助を受けることができる

#何もする気が起きない　#入れ歯　#手入れ　#精神状態　#口腔ケア

ニーズ	長期目標	短期目標
何もする気が起きないことも多いが、自分の入れ歯の手入れを忘れずに、しっかりと行っていきたい	精神的に安定し、規則正しく口腔ケアができる	精神状態が改善し、口腔ケアを忘れないで行うことができる

#麻痺　#きれいな歯でいたい　#口腔ケア　#口腔リハビリテーション

ニーズ	長期目標	短期目標
麻痺があり、思うように口が動かせないが、きれいな歯でいたい	きれいな歯でさっぱりと過ごせる	口腔ケアと口腔リハビリテーションを確実に行う

--- **ここがポイント** Check!

❶ 歯の状態を改善しておいしく食べることは、QOL（生活の質）向上につながります。
❷ 慢性閉塞性肺疾患（COPD）など呼吸器の疾患では、感染予防のためにも口腔ケアは重要課題です。

#食事の内容　#調理形態　#くふう

サービス内容	種別
1 歯科医受診により口腔の状態の点検、義歯の調整 2 食事の内容、調理形態のくふう	1 歯科医 2 訪問介護 保

#口腔ケア

サービス内容	種別
1 体調の管理や生活指導 2 本人ができないときの口腔ケアの援助	1・2 訪問看護 保

#日常を楽しめるよう　#会話

サービス内容	種別
1 朝の着替えや洗面、歯磨きの声かけや動作介助 2 日常を楽しめるよう、会話する時間を設ける	1・2 孫、長女

#口腔ケア体操　#訪問介護　#通所リハビリテーション

サービス内容	種別
1 口腔ケアの介助 2 口腔リハビリテーション 3 自分でできる口腔ケア体操	1 訪問介護 保 2 通所リハビリテーション 保 3 本人

♂ 援助の Key …… 口腔リハビリテーション

　通所リハビリテーションや通所介護でも、口腔体操などが取り入れられています。多職種が連携して計画を作成し、計画に従って個別的な口腔ケアの指導や実施、摂食・嚥下機能の訓練を行った場合には加算がされますので、サービスメニューとして検討しましょう。

#関節リウマチ #筋力の低下 #温かいものをおいしく食べたい #電子レンジ

ニーズ	長期目標	短期目標
関節リウマチによる筋力の低下で調理は難しいが、食べることが好きなので、❶温かいものをおいしく食べたい	温かいものをおいしく食べて体調よく過ごせる	三度の食事を温かい状態で食べることができる

Check!

#カリウム #果物 #幸せを感じる #量を守る #医師の指導 #栄養指導 #献立表

ニーズ	長期目標	短期目標
医師からカリウムをとりすぎないよう指示されているが、好きな果物を食べたい	適度に果物を食べて幸せを感じることができる	安全な血中カリウム値を維持し、1日に食べてよい果物の量を守ることができる

#食欲 #食事をおいしく十分にとれるようにしたい #低栄養 #食事への意欲

ニーズ	長期目標	短期目標
食欲がなく、途中で食事を止めてしまうことがあるが、食事をおいしく十分にとれるようにしたい	低栄養を防ぎ、食事を楽しめる	食事への意欲が出る

#早食い #量も多い #食事をゆっくり楽しんでとる #誤嚥 #会話 #小分け

ニーズ	長期目標	短期目標
早食いで食事量も多いが、食事をゆっくり楽しんで食べられるようにしたい	食事をゆっくり楽しんでとることができる	誤嚥を防ぐことができる

← ここがポイント — Check!

❶ 「温かいもの」を「おいしく」食べたいという本人のこだわりは、ケアプランにもしっかり記載しましょう。
❷ 食欲がなく、低栄養が心配される場合は、栄養補助食品を取り入れたり、食事の回数を増やすなども検討します。

🄿 …介護保険対象

#食形態のくふう　#スプーン

サービス内容	種別
1 電子レンジで温められるように食事の調理、準備、食形態のくふう（スプーンに乗せやすい形にする）をする 2 食事の準備、介助（必要時に調理）	1 長女、次女（交代） 2 訪問介護 🄿

サービス内容	種別
1 受診による医師の指導 2 栄養指導 3 栄養の知識と調理についての学習、献立表の作成	1 病院 2 保健師 3 本人、家族

#色彩　#におい　#栄養補助食品

サービス内容	種別
1 食事への意欲を高めるための検討 2 意欲を高めるための食事の援助（嗜好に配慮した調理、色彩、においなどへの配慮） 3 食事の介助　　　　　Check! 4 ❷栄養補助食品の提供	1 ケアマネジャー 🄿 　栄養士、関係職員 2〜4 訪問介護 🄿

#はし

サービス内容	種別
1 食事の際に会話をするようにする 2 誤嚥を起こさないよう料理は小分けにする、スプーンでなくはしで食べてもらう	1・2 家族（妻）

♂ 援助の Key …… 「食事摂取」

栄養状態や食事回数、水分摂取量を把握し、利用者のニーズに対応する援助を位置づけます。特に食事は、毎日の「楽しみ」でもあり、しっかりおいしく食事がとれることは、生活の意欲を高め自立支援にもつながるということに留意しましょう。

食事摂取

#糖尿病　#栄養バランス　#適切なカロリー量　#減量　#適正体重　#1日16単位

ニーズ
糖尿病のため、栄養バランスのよい適切なカロリーで食事をして、無理な減量を避けつつおいしく食べたい

長期目標
適正体重を維持し、健康を維持できる

短期目標　Check!
❶1日16単位（1280キロカロリー）の食事を守り、低血糖が起きない

#腹膜透析　#食欲　#気分よく食事をして必要な栄養をとりたい　#三食

ニーズ
腹膜透析を行っており、体調が悪く、食欲がないが、気分よく食事をして必要な栄養をとりたい

長期目標
体調が落ち着き、三食しっかりと食べられる

短期目標
好きなものを食べ、少しずつでも栄養がとれる

#パーキンソン病　#体重　#体力　#口腔内の清潔保持　#口腔内の状態確認

ニーズ
パーキンソン病により、飲み込みが悪いが、食事をしっかりとおいしく食べて、体重を増やしたい

長期目標
体重を増やし、体力をつけられる

短期目標
むせずに食べられる

#夫　#何もする気が起きない　#体重　#精神面　#1人だけではない食事の時間

ニーズ
夫がいなくて何もする気が起きないが、食事をおいしくしっかりと食べたい

長期目標
現在より体重が増え、❷精神面が安定する
Check!

短期目標
1人だけではない食事の時間がとれる

← ここがポイント ─ Check!

❶ 糖尿病など、守るべき数値はここに書きましょう。モニタリングでも、達成度の評価がしやすくなります。
❷ 精神面も食欲の低下に影響します。

㊤ …介護保険対象

#低血糖　#栄養指導　#糖尿病食

サービス内容	種別
1　糖尿病食（三大栄養素のバランスを保ちつつ、カロリーを 16 単位におさえる）についての栄養指導 2　糖尿病食の準備、調理 3　体重測定（適宜）	1　居宅療養管理指導（栄養指導）㊤ 2　訪問介護 ㊤ 　　家族 3　本人

#本人が食べられるもの　#献立　#感染症

サービス内容	種別
1　本人が食べられるものを話し合い、献立をつくる 2　透析の管理・実施 3　感染症の予防	1　家族 2・3　訪問看護 ㊤

#食べやすい大きさ　#食事内容

サービス内容	種別
1　口腔ケア（口腔内の清潔保持、口腔内の状態確認） 2　食べやすい大きさや食事内容を指導	1・2　訪問看護 ㊤

#会話　#栄養バランス

サービス内容	種別
1　食事中の見守り、会話や支援 2　栄養バランスがとれるよう食事内容の検討	1・2　通所介護 ㊤ 　　長女、孫

♂ 援助の Key ⋯⋯ 特段の専門的配慮をもって行う調理

　訪問介護では、糖尿病食や腎臓病食など特段の専門的配慮をもって行う調理は身体介護となります。ケアプランに位置づける際には、主治医の指示をもとに計画した調理内容、特段の配慮にあたるサービス内容を記載します。居宅療養管理指導などとの連携も重要です。

#嫁　#みなが笑顔になるような生活を送りたい　#気兼ね　#気分転換

ニーズ Check!	**長期目標**	**短期目標**
介護で嫁に迷惑をかけたくないとの思いが強く、❶ストレスになっている。みなが笑顔になるような生活を送りたい	嫁に気兼ねすることなく、希望をもった生活ができる	気分転換を図ることができる

#サポート　#自分で料理を作りたい　#食事のしたく　#メニュー

ニーズ	**長期目標**	**短期目標**
夫が日中に不在となるが、必要なサポートを得て、自分で料理を作りたい	毎日、食事のしたくと料理をすることができる	食事のしたくの支援を受けながら、メニューを考え、料理をつくることができる

#ターミナル期　#施設入所　#在宅生活　#ADL維持　#緩和病棟　#一時入院

ニーズ	**長期目標**	**短期目標**
ターミナル期にあるが、長男夫婦は仕事・育児に忙しく、介護の時間がもてないため、必要に応じた❷施設入所を希望している　 Check!	施設を利用しながら、自宅でも過ごせる	生活全般の介護が受けられる

#大柄　#妻が転倒する危険　#妻と安全に生活できるようにしたい　#リスク管理

ニーズ	**長期目標**	**短期目標**
大柄なため、移乗介助する妻が転倒する危険があるので、妻と安全に生活できるようにしたい	リスク管理をし、妻と安全に生活できる	転倒せずに車いすとベッドとの移乗ができる

← ここがポイント — Check!

❶ 介護する側、介護される側双方のストレスに配慮しましょう。

❷ 在宅での自立支援が制度の基本理念ですが、状況によりそれがかなわない場合もあります。施設入所への援助もケアマネジャーの仕事となります。

#社会交流　#レクリエーション　#短期入所生活介護

サービス内容

サービス内容	種別
1 ショートステイの利用による生活全般の介護、入浴の提供、気分転換への支援、痛み緩和への支援、不安解消への支援 2 社会交流への支援、レクリエーションなどへの参加支援	1・2 短期入所生活介護 ㋾

#調理作業の見守り　#配膳の支援　#訪問介護

サービス内容	種別
調理作業の見守り、配膳の支援など	訪問介護 ㋾

#見守り

サービス内容	種別
1 昼と夜の生活全般の介護による在宅生活の支援 2 ADL維持への支援 3 緩和病棟への一時入院 4 安全の見守り、必要な介助	1・2 短期入所生活介護 ㋾ 　　 通所介護 ㋾ 3 病院 4 長男夫婦

#移乗　#肥満を防止　#食事内容

サービス内容	種別
1 妻への介護方法の助言・指導 2 移乗介助のサポート 3 肥満を防止するための食事内容を考える	1・2 訪問介護 ㋾ 3 妻、本人

♂ **援助の Key** ⋯⋯「介護力」

　家族が介護を担う場合、家族の構成や家族の健康状態などにより、ケアの質や量は異なります。介護者のケアをする意欲や能力を適切にアセスメントし、家族の健康面や自己実現といった面にも着目しましょう。

#一人暮らし #住み慣れた家で気ままに暮らせる #生活の援助 #生活全般の介護

ニーズ	**長期目標**	**短期目標**
一人暮らしで、甥も遠方に住んでいるが、自宅で安心して暮らしたい	住み慣れた家で気ままに暮らせる	生活の援助を受けられる

#目が見えず #介護負担 #介護の抱え込み #閉じこもり #介護の肩代わり

ニーズ	**長期目標**	**短期目標** Check!
目が見えず、行動や生活すべてに指示や介助が必要。同居する長男の介護負担を軽くしながら、今の生活を続けたい	介護支援を受けながら、2人で暮らせる	❶介護の抱え込みや閉じこもりを防止する

#一人暮らし #在宅酸素療法 #妻のいない生活 #寂しさ #友人 #社会交流

ニーズ	**長期目標**	**短期目標**
一人暮らしで在宅酸素療法を受けているが、妻のいない生活の❷寂しさを解消して、安定した気持ちで暮らしたい Check!	施設にいる妻と話をしたり、安定した状態で暮らせる	寂しさを解消しながら、自宅で生活できる

#自分でできることは自分でしたい #座ってできる家事 #散歩

ニーズ	**長期目標**	**短期目標**
仕事の忙しい長女夫婦に迷惑をかけず、自分でできることは自分でしたい	自分でできることが増える	• 座ってできる家事が行える • 体調が良ければ散歩に出られる

← ここがポイント Check!

❶ 介護者も閉じこもりがちにならないよう配慮します。

❷ 一人暮らしの高齢者では、生活を支える介護のほか、緊急時の安全確保、精神面の安定を図る援助も大切です。

保…介護保険対象

#入浴　#清潔ケア　#緊急通報サービス

サービス内容	種別
1 生活全般の介護 2 入浴や清潔ケア 3 緊急通報サービスの導入	1・2 訪問介護 保 通所介護 保 短期入所生活介護 保 3 民間会社

#短期入所生活介護

サービス内容	種別
1 介護の肩代わり、転倒転落の回避、見守り、声かけや必要な支援、介護者（長男）との連携 2 長男の体調確認 3 状況に応じ、短期入所生活介護の検討	1 通所介護 保 2・3 ケアマネジャー 保

#入所中の妻との交流　#緊急時の連絡方法

サービス内容	種別
1 昔からの友人の訪問継続（趣味や野菜づくりの話など） 2 通所サービスで、施設と連携し、入所中の妻との交流を支援 3 社会交流の促進 4 緊急時の連絡方法の検討	1 友人 2・3 通所介護 保 4 ケアマネジャー 保

#心身の状態　#家事を一緒に　#歩行器

サービス内容	種別
1 心身の状態に応じて、自分でできる家事を行う 2 家事を一緒に行う 3 歩行器を使い散歩に出る 4 歩行器の貸与	1 本人 2 長女 3 本人 4 福祉用具貸与 保

援助の Key …… 一人暮らしの方への支援

令和元年の国民生活基礎調査によると、要介護者等のいる世帯では、単独世帯が約３割で、核家族世帯に次いで多くなっています。市町村事業として行っている安否確認サービスや緊急通報システムなども検討し、高齢者の安全と安心を守りましょう。

#借家 #暮らしやすい環境 #福祉用具 #福祉用具専門相談員 #理学療法士

ニーズ	長期目標	短期目標
借家なので使いづらいところもあるが、くふうしてここで暮らしていきたい	暮らしやすい環境で生活できる	福祉用具の導入により、トイレや浴槽を使いやすくする

#車いす #行動範囲 #意欲を高めたい #自由に外出 #屋外 #段差

ニーズ	長期目標	短期目標
車いすの生活だが、行動範囲を広げ、意欲を高めたい	車いすで、自由に外出できる	屋外への移動が介助なく自立で行える

#パーキンソン病 #転倒なく安全に室内を移動したい #転倒骨折 #歩行が維持

ニーズ	長期目標	短期目標
Check! ❷パーキンソン病で移動に不自由があるため、転倒なく安全に室内を移動したい	転倒骨折を予防し、歩行が維持できる	安全に移動ができる

#手すり #消極的 #安全な環境で生活をしたい #滑り止めマット #滑らない床材

ニーズ	長期目標	短期目標
階段に手すりがないため、消極的になっている。安全な環境で生活をしたい	安全な環境で暮らせる	手すりを設置する

ここがポイント Check!

❶ 自分で判断せず、専門家と事前に協議しましょう。

❷ パーキンソン病は、進行性の疾患です。そのときのレベルに応じて、そのつどケアプランを改善していきます。

㊿…介護保険対象

#補高便座 #手すり #入浴用いす

サービス内容	Check!	**種別**
1 ❶福祉用具専門相談員、理学療法士との検討		1 ケアマネジャー ㊿
2 補高便座の購入、手すりのレンタル		2・3 福祉用具貸与 ㊿
3 入浴用いすの購入		特定福祉用具販売 ㊿

#バリアフリー

サービス内容	**種別**
1 玄関から外までの段差の解消	1 住宅改修 ㊿
2 バリアフリーの状況についての下調べ	2 家族、本人

#手すり #リハビリテーション #拘縮の予防

サービス内容	**種別**
1 移動経路に手すりの設置	1 住宅改修 ㊿
2 理学療法士、作業療法士によるリハビリテーション、拘縮の予防	2 病院
	3 通所介護 ㊿
3 全身の運動による歩行維持への支援	

#住宅改修 #自費購入

サービス内容	**種別**
1 階段に手すりの設置	1 住宅改修 ㊿
2 階段に滑り止めマット	2 自費購入
3 階段を滑らない床材に改修	3 住宅改修 ㊿

♂ 援助の Key ……「居住環境」

　住宅改修や福祉用具の活用では、利用者の自立支援と介護者の負担軽減という2つの側面があります。また、介護保険での給付にかぎらず、家の生活動線、家具のレイアウトの改善など、暮らしやすく動きやすい環境にするための援助も盛り込みましょう。

居住環境

#脳出血　#左上下肢麻痺　#車いすで生活できる環境に　#転倒のリスク　#住宅改修

ニーズ	長期目標　Check!	短期目標
脳出血後遺症で左上下肢麻痺があり、自宅を車いすで生活できる環境にしたい	❶転倒のリスクを減らして安全に暮らしていける	• 住宅改修をして暮らしやすくなる。 • 福祉用具が揃い、行動範囲が広がる

#ふらつき　#めまい　#夜間でも安全に移動　#トイレ

ニーズ	長期目標	短期目標
夜間は特にふらつきやめまいがあるが、夜間でも安全にトイレに行きたい	夜間でも安全に移動できる	夜間に安全にポータブルトイレを利用できる

#視力障害　#転倒　#手すり　#立ってトイレまで移動　#家具の配置　#コード

ニーズ	長期目標	短期目標
視力障害があるが、転倒することなく安全に室内を自分で移動したい	転倒することなく、自分で部屋を移動できる	手すりにつかまって、立ってトイレまで移動できる

#湯船へのまたぎ　#お湯につかって気持ちよく入浴したい　#お風呂　#気分転換

ニーズ	長期目標	短期目標
湯船へのまたぎができるようにして、お湯につかって気持ちよく入浴したい	毎日お風呂に入り、気分転換できる	自宅の湯船に入ることができる

← ここがポイント ─ Check!

❶ 転倒・骨折の予防は、とても重要です。身体機能へのアプローチもあわせて考えましょう。

❷ コードやわずかな段差で高齢者は転倒します。定期的にチェックすることが大切です。

保 …介護保険対象

#ギャッチベッド #自走用車いす #立ち上がり補助いす

サービス内容	種別
1 ギャッチベッド、自走用車いす、立ち上がり補助いす 2 トイレの改修、段差の解消、浴室の改修	1 福祉用具貸与 保 2 住宅改修 保

#温水シャワーつきポータブルトイレ #移動経路 #常夜灯

サービス内容	種別
1 夜間使用の温水シャワーつきポータブルトイレの購入 2 移動経路に常夜灯	1 特定福祉用具販売 保 2 家族

#危険物

サービス内容	種別
1 トイレまでの移動経路、玄関に手すりの設置 2 移動しやすい家具の配置を検討　Check! 3 ❷コードなど転倒の原因となるものの撤去 4 部屋の掃除、片づけ、室内に危険物がないかの確認	1 住宅改修 保 2・3 長男 4 訪問介護 保

#自宅の湯船 #浴室内に手すり #住宅改修

サービス内容	種別
1 浴槽内いす、浴槽内すのこ、浴槽の手すり 2 浴室内に手すり設置	1 特定福祉用具販売 保 2 住宅改修 保

♂ 援助の Key ····· 住宅改修とケアマネジャー

　利用者が住宅改修を給付する際に必要な「理由書」は、担当のケアマネジャーが業務のなかで作成することになっています。あわせて施工業者の選定もケアマネジャーが代行することも多いため、専門家と連携して、日頃から情報を集めておきましょう。

特別な状況

#金銭不安 #金銭状況 #社会福祉法人 #軽減制度 #特別な事情 #定率負担の減免

ニーズ	長期目標	短期目標
生計維持者である長男が長期入院をしており、サービスの利用料を支払えないので金銭不安の解消が必要	金銭の不安なく生活ができる	現在の金銭状況などを客観的に把握し、対策を考える

#経済的負担 #介護サービス #行政 #負担軽減措置 #ボランティア

ニーズ	長期目標	短期目標
経済的負担を減らしながら、必要な介護サービスを導入したい	経済的負担を最小限にしながら、必要なサービスを受けることができる	経済的負担を軽くする方法を検討する

#もの忘れ #金銭管理 #成年後見人 #地域包括支援センター

ニーズ	長期目標	短期目標
もの忘れが進み、金銭管理が困難となってきたため、財産管理を行う成年後見人が必要である	成年後見制度を利用し、適切に本人の代理を行う	利用できる制度についての検討をする

#一人暮らし #身体機能の低下 #住宅改修以外の介護サービスは利用せずに生活したい

ニーズ	長期目標	短期目標
一人暮らしで身体機能の低下はあるが、住宅改修以外の介護サービスは利用せずに生活したい	安心して在宅での生活を続けられる	本人の望む生活を続けられる

← ここがポイント — Check!

❶ 災害や生計維持者の入院などやむを得ない事情がある場合、定率負担や保険料が減免される場合があります。
❷ 地域包括支援センターと連携していきましょう。

⑰…介護保険対象

#行政

サービス内容	種別
1 社会福祉法人などによる利用者負担額の軽減制度などを検討 2 ❶特別な事情による定率負担の減免ができるか行政に確認　Check!	1・2 ケアマネジャー ⑰ 　　行政窓口

#代替サービス

サービス内容	種別
1 行政との連携（負担軽減措置の相談、検討） 2 ボランティアによる代替サービスの検討	1・2 ケアマネジャー ⑰

#日常生活自立支援事業　#社会福祉協議会

サービス内容　Check!	種別
1 地域包括支援センターとの相談・連携 2 ❷成年後見制度申立の検討 3 当面の間の日常生活自立支援事業の利用	1・2 ケアマネジャー ⑰ 　　地域包括支援センター 3 社会福祉協議会

#地域包括支援センター　#民生委員

サービス内容	種別
1 住宅改修の導入 2 地域包括支援センターとの連携、善後策の検討 3 民生委員の定期訪問	1・2 ケアマネジャー ⑰ 3 民生委員

♂ 援助の Key ……「特別な状況」

　経済的困難、虐待、ターミナルケア、本人のサービス拒否など、サービスを提供するうえで特別に配慮すべき事情がある場合は、市町村、地域包括支援センターなど対応機関との連携、また利用者の生活や権利を守る制度への理解が重要となります。

#長男夫婦 #年金 #管理 #自分でも自由に使えるお金がほしい #安心して生活

ニーズ	長期目標	短期目標
長男夫婦が年金の受け取りと通帳を管理しているが、自分でも自由に使えるお金がほしい	自分で年金を管理して、安心して生活できる	自分の口座と貯金額について確認できる

#介護困難 #一時的な入所 #必要な援助を受け、生活を安定させる #体力を回復

ニーズ	長期目標	短期目標
家族の状況から、介護困難な状態が続いているため、一時的な入所が必要となっている	必要な援助を受け、生活を安定させる	体力を回復させる

#寝たきり #あざ #虐待の有無 #情報収集 #短期入所生活介護

ニーズ Check!	長期目標	短期目標
寝たきりの高齢者の身体にあざがあり、❶虐待を受けているのではないかという疑いがあり、対応が必要	虐待への対応ができる	虐待の有無の確認と事実を把握する

#高齢 #身体衰弱 #24時間 #急変時の対応 #訪問診療 #身体状況 #体制づくり

ニーズ	長期目標	短期目標
高齢で身体衰弱が激しく、急変したときの対応が必要となっている	安心して自宅で生活できる	24時間の急変時の対応ができる

← ここがポイント — Check!

❶ ケアプランは利用者や家族が見る書類であり、虐待と記載できないこともあります。そのような場合は、第5表の居宅介護支援経過に記録します。担当者との情報共有を図りましょう。

❷ 急変が予想されるときには、24時間対応のサービスも取り入れましょう。

#地域包括支援センター　#行政

サービス内容	種別
1 長男夫婦にお金の管理についての相談対応・助言 2 地域包括支援センター、行政と相談	1・2 ケアマネジャー ㊿

#医療処置　#食事の提供　#介護者への適切な介護についての指導

サービス内容	種別
1 入浴、排泄の介助、医療処置、身体状況の観察 2 食事の提供 3 介護者への適切な介護についての指導	1・2 短期入所療養介護 ㊿ 3 地域包括支援センター

#介護者との一時的分離　#介護者への精神的な援助

サービス内容	種別
1 虐待の有無の確認と事実について、関係者から情報収集 2 短期入所生活介護の利用による介護者との一時的分離 3 地域包括支援センターとの対応検討 4 介護者への精神的な援助、相談対応	1～4 ケアマネジャー ㊿ 　　 地域包括支援センター

#定期巡回・随時対応型訪問介護看護

サービス内容	種別
1 訪問診療　Check! 2 身体状況の観察 3 ❷巡回型の食事、排泄、清潔のケア 4 救急車要請できる体制づくり	1 医師 2・3 定期巡回・随時対応型訪問介護看護 ㊿ 4 ケアマネジャー ㊿

♂ **援助の Key** ····· 利用者の権利擁護のための制度

　判断能力が不十分な方の権利を守る制度には、財産管理や利用契約を本人に代わって行う成年後見制度や、福祉サービスの利用援助、日常的な金銭管理などを行う日常生活自立支援事業があります。こうした制度を熟知しておくことも大切です。

　利用者の自立支援を念頭においたケアプランを作成するにあたり、WHO（世界保健機構）のICF（国際生活機能分類）の考え方を理解しておくとよいでしょう。

　ICFとは、「人間が生きることの全体像」を「生活機能」というプラス面に着目して分類したものです。生活機能には、①**心身機能・身体構造**、②**活動**（ADL、交流、趣味など）、③**参加**（社会参加、役割を果たす）の3つのレベルがあり、相互に作用しています。

　生活機能に影響を与えるものとして、**健康状態**や、**環境因子**（住宅、介護者、制度など）、**個人因子**（性別、年齢、ライフスタイルなど）があります。障害は、生活機能のなかに含まれるマイナス面のひとつで、障害があっても潜在的な生活機能を引き出し、生活機能を維持・改善するという視点で、各要素から働きかけていくことが大切です。

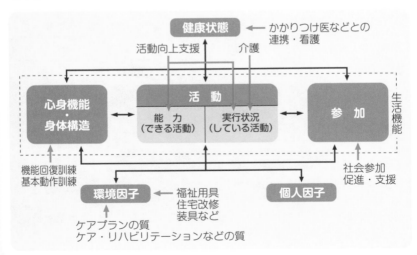

第 **4** 章

疾患別
第2表の文例

■第2表文例（疾患別）

生活不活発病／高血圧症／脳血管障害／認知症／パーキンソン病／うつ病／糖尿病／慢性閉塞性肺疾患／在宅医療管理

生活不活発病

#骨折 #転倒不安 #歩行運動 #散歩 #障害物の撤去 #手すり #歩行維持

ニーズ	長期目標	短期目標
骨折後、常に転倒不安があり、歩くことがこわいが、寝たきりにならずにいたい	自宅で転倒せずに安全に歩ける	歩行運動と散歩を毎日続ける

#一人暮らし #寂しい #楽しみ #通所介護 #楽しく話す #趣味 #意欲向上

ニーズ	長期目標	短期目標
一人暮らしで、話す人もいない。**寂しい**気持ちがあり、何もする気が起こらないが、このままではよくないと思っている	**楽しみ**のある生活を送ることができる	•通所介護で、ほかの人と楽しく話す時間がとれる •趣味のお茶会に参加することができる

#特に病気がない #寝たきり #日中の活動量 #体力を回復 #動きやすい環境

ニーズ	長期目標	短期目標
特に病気がないのに体力がなく、日中寝たきりとなっている。生活を活発にする必要がある	**日中の活動量**が増え、意欲をもって生活できる	**体力を回復**し、ベッドから離れる時間をつくることができる

#安静 #今より活動的に過ごしたい #座位で過ごす時間 #座位訓練

ニーズ	長期目標	短期目標
退院後、**安静**のため自宅で寝たきりとなっている。今より活動的に過ごしたい	無理をせずに、自宅で安心して生活できる	ベッドから離れ、**座位で過ごす時間**をつくることができる

➕ 生活不活発病

　廃用症候群のことを、最近では生活不活発病というようになりました。生活が不活発となり、心身の機能を十分に使わないことにより、身体的・精神的機能が全般的に低下するものです。身体の一部だけではなく、心肺機能の低下など全身に影響するのが特徴です。生活不活発病では、1日の生活全体を活発化させる視点が重要です。

保 …介護保険対象

#住宅改修

サービス内容	種別
1 室内の掃除、障害物の撤去	1 訪問介護 保
2 廊下と玄関に手すりの設置	2 住宅改修 保
3 歩行維持への支援、歩行訓練	3 通所介護 保
4 散歩の同行	4 ボランティア

#他者との交流 #参加支援

サービス内容	種別
1 意欲向上への支援（他者との交流の機会確保、傾聴、相談対応、季節行事への参加）	1 通所介護 保
2 お茶会への参加支援	2 ケアマネジャー 保

#配食サービス #レクリエーション

サービス内容	種別
1 動きやすい環境をつくるため、一緒に掃除と整理整とんを行う	1・2 訪問介護 保
2 食事の準備	3 市の高齢者事業
3 配食サービスの提供	4 通所介護 保
4 歩行訓練、レクリエーション	

#レクリエーション #ギャッチアップ #夕食は家族と一緒に

サービス内容	種別
1 座位生活の援助	1 訪問介護 保
2 座位訓練、レクリエーション	2 通所介護 保
3 ベッドのギャッチアップ時間を長くとる	3 本人
4 夕食は家族と一緒にとる	4 家族

♂ 援助の Key ……「生活不活発病」

○まず生活が不活発になっている原因を探りましょう。
○すぐに車いすに頼らないことが大切です。
○外出意欲を高め、楽しみや役割がもてるよう支援をします。
○適切な栄養をとることも、体力回復には重要です。
○退院後の過度の安静が生活不活発病の原因となります。

第2表文例 高血圧症

#高血圧症 #健康に過ごしたい #血圧が安定 #降圧 #医学的管理 #服薬管理

ニーズ	長期目標	短期目標
高血圧症なので、日常生活に気配りし、**健康に過ごしたい**	**血圧が安定**し、合併症なく落ち着いて過ごせる	現在の血圧よりも**降圧**できる

#高血圧症 #1人で入浴するのが心配 #毎日安全に入浴 #血圧の変動

ニーズ	長期目標	短期目標
高血圧症でふらつきもあり**1人で入浴するのが心配**だが、毎日入浴したい	**毎日安全に**入浴できる	血圧の変動に留意しながら、定期的に気持ちよく入浴できる

#高血圧症 #食生活 #毎日おいしく食事 #減塩食 #栄養指導 #血圧測定

ニーズ	長期目標	短期目標
高血圧症であるため、**食生活**に気をつけたい	血圧が安定し、毎日**おいしく**食事ができる	**減塩食**をとることができる

#高血圧症 #健康を維持 #毎日薬をしっかりと飲んで #疾病管理 #血圧測定

ニーズ	長期目標	短期目標
高血圧症で内服しているが、好きな手芸を続けられるように**健康を維持**したい	健康が維持できる	**毎日薬をしっかりと飲んで**血圧が安定している

✚ 高血圧症

　要介護者は複数の疾患を抱えていることが多いのですが、なかでも高血圧症はよくみられる疾患です。原因のはっきりしている二次性高血圧症と原因のはっきりしない本態性高血圧症がありますが、圧倒的に多いのは、本態性高血圧症です。

　狭心症や心筋梗塞など、脳血管障害の原因となるため、注意が必要です。

#合併症のリスク　#見守り　#減塩食

サービス内容

1 医学的管理、助言、薬の処方
2 服薬管理
3 定期的に血圧測定、体重測定
4 合併症のリスクを考慮した見守り
5 減塩食の提供

種別

1 主治医
2・3 訪問看護 保
4 訪問介護 保
5 訪問介護 保

#バイタルチェック　#入浴介助　#シャワー見守り

サービス内容

1 入浴の提供
2 バイタルチェック、入浴介助、見守り
3 自宅でのシャワー、シャワー見守り

種別

1・2 通所介護 保
3 本人、長男

#血圧変動がないかのチェック

サービス内容

1 栄養指導
2 減塩食の調理
3 血圧測定、血圧変動がないかのチェック

種別

1 居宅療養管理指導
保
2・3 訪問介護 保
家族

#変動注視

サービス内容

1 疾病管理と生活指導
2 薬の管理（容器による仕分けや服用後確認）
3 通院介助、安全見守り
4 血圧測定、変動注視

種別

1 主治医
2・3 家族
4 通所介護 保

♂ 援助の Key ……「高血圧症」

○薬物療法のほかにも、栄養指導、毎日できる運動習慣などを、アセスメントのうえ、位置づけましょう。
○入浴は、血圧の変動が激しく注意が必要となります。
○高齢者では、薬の飲み忘れも多く、しっかりとした服薬管理が必要です。服薬カレンダーや服薬アラームの利用などのくふうがあれば盛り込みましょう。服用後の副作用の確認なども注意が必要です。

第2表文例 **脳血管障害**

#脳血管障害の再発 #血圧が安定 #降圧 #医学的管理 #薬の処方 #減塩食

ニーズ	長期目標	短期目標
脳血管障害の再発がないように、日常生活に気配りし、健康に過ごしたい	血圧が安定し、合併症なく落ち着いて過ごせる	現在の血圧よりも降圧できる

#脳出血 #自力歩行 #日常生活の動作ができる #歩行レベル #トイレで排泄

ニーズ	長期目標	短期目標
脳出血の後遺症で、左上下肢麻痺があるが、車いすではなく**自力歩行**を目指したい	自宅内で自立して歩行や日常生活の動作ができる	・歩行レベルを上げる ・トイレで排泄できる ・介助を受けて入浴できる

#脳出血 #嚥下障害 #食事の見守り #安全に食事 #言語聴覚療法

ニーズ	長期目標	短期目標
脳出血の後遺症で、**嚥下障害**がありむせるため、食事の見守りやくふうが必要である	食事をおいしく食べられる	むせることなく、**安全に食事**をすることができる

#脳梗塞 #構音障害 #コミュニケーション #言語聴覚療法 #レクリエーション

ニーズ	長期目標	短期目標
脳梗塞の後遺症で、**構音障害**があるが、これまでどおり上手にコミュニケーションをとっていきたい	地域の人と上手に**コミュニケーション**をとることができる	遠慮せずに、まわりの人と話をし、地域の祭りに参加できる

➕ 脳血管障害

脳血管障害は、脳を流れる血管の障害により起こる疾患で、脳の血管が詰まる脳梗塞と脳内の血管から出血する脳出血があります。手足の麻痺や言語障害、意識障害、運動障害、認知症などの後遺症が残ることがあります。高血圧症、糖尿病、心疾患、喫煙習慣などが危険因子となり、予防にはふだんからの健康管理も重要です。

#服薬管理 #栄養指導 #日中の散歩

サービス内容	種別
1 医学的管理、助言、薬の処方	1 主治医
2 服薬管理、栄養指導	2・3 訪問看護 ⑯
3 定期的に血圧測定、体重測定	4 妻
4 減塩食の調理	5 本人、妻
5 日中の散歩	

#歩行訓練 #入浴介助

サービス内容	種別
1 歩行訓練	1～3 通所リハビリ
2 トイレの一連動作の訓練	テーション ⑯
3 介助を受けて入浴できる（サービス実施時）	4 長女
4 自宅での入浴介助	

#誤嚥しにくい食事内容 #口腔ケア

サービス内容	種別
1 言語聴覚療法（口腔リハビリテーション）	1 通所リハビリテーション ⑯
2 誤嚥しにくい食事内容の検討、調理	2 家族
3 誤嚥しにくい食事の調理、食事中の見守り	3・4 訪問介護 ⑯
4 口腔ケアの介助	

#言語訓練 #行事への参加

サービス内容	種別
1 言語聴覚療法（口腔リハビリテーション）	1 訪問リハビリテーション ⑯
2 レクリエーションを通じた言語訓練	2 通所介護 ⑯
3 近隣の行事への参加、参加の付添い	3 本人、家族

♂ 援助の Key …… 「脳血管障害」

○再発防止が重要です。定期的な検査、服薬、血圧管理、食事管理などをケアプランに組み込みましょう。
○本人ができる取り組みもケアプランに入れましょう。
○嚥下障害がある場合は、誤嚥防止のための介護、誤嚥性肺炎の予防のため口腔ケアも位置づけましょう。

認知症

#もの忘れ　#病気が進行しない　#認知症の進行が緩和　#BPSD

ニーズ	長期目標	短期目標
もの忘れが多く、場所も人もわからなくなってきたが、**病気が進行しない**ようにしたい	**認知症の進行が緩和**できる	・**BPSD が現れないようにする** ・身体の不調がすぐに発見できる

#もの忘れ　#一人暮らし　#不安　#自宅で落ち着いて暮らしたい　#安全を確保

ニーズ	長期目標	短期目標
もの忘れが多く、一人暮らしへの**不安**がある。親しい人に話を聞いてもらい、自宅で落ち着いて暮らしたい	出かける楽しみがもてる	・定期的に話を聞いてもらえる ・自宅での**安全**を確保できる

#もの忘れ　#ものがなくなる不安　#作業療法　#洗濯物の片づけ　#衣類の整理

ニーズ	長期目標	短期目標
衣類などしまい忘れがあるが、**もの忘れを減らして**、家のなかを整理したい	ものがなくなる不安が軽減する	しまい忘れや紛失の頻度が少なくなる

#もの忘れ　#笑顔で暮らしていきたい　#正しく認知症を理解　#ストレスを軽減

ニーズ	長期目標	短期目標
もの忘れがひどく自分も妻も不安な気持ちが大きいが、お互いストレスをためずに、**笑顔**で暮らしていきたい	夫婦が笑顔で仲良く暮らしていくことができる	・正しく認知症を理解し、不安や悩みを話せる ・お互いのストレスを軽減する

✚ 認知症

　認知症は、脳の後天的な器質障害により、知的機能が持続的に低下して、日常生活がうまく行えなくなる症状で、高齢者に多いのはアルツハイマー型認知症と脳血管性認知症（血管性認知症）です。症状は、記憶力障害、見当識障害など、脳細胞の障害により現れる中核症状と、中核症状に伴い二次的に現れる周辺症状（精神症状や行動障害 ＝BPSD）に分けられます。

保 …介護保険対象

#コミュニケーション機会の増加　#水分確保　#言葉かけ

サービス内容
1 定期受診
2 服薬管理
3 他者との交流・コミュニケーション機会の増加
4 食事の準備を一緒に行う。水分確保
5 記憶力低下に対する対応と言葉かけのくふう

種別
1 主治医
2 訪問看護 保
3 通所介護 保
4・5 訪問介護 保

#話す機会の確保　#愛犬の散歩　#緊急通報装置

サービス内容
1 知り合いとの交流、話す機会の確保
2 相談対応、傾聴による不安解消
3 愛犬の散歩を通じた交流
4 緊急通報装置の設置

種別
1・2 認知症対応型
　　　通所介護 保
3 本人、愛犬仲間
4 市の高齢者事業

#見守り支援　#通所介護

サービス内容
1 作業療法、整理場所の確認訓練
2 洗濯物の片づけや衣類の整理を継続して行う
3 洗濯物の片づけや衣類整理の見守り支援、しまい
　忘れた場合に一緒に探す

種別
1 通所介護 保
2 本人
3 長男

#主治医　#家族会　#夫婦が離れる時間

サービス内容
1 主治医への相談
2 家族会への参加
3 夫婦が離れる時間をつくる

種別
1 主治医
2 家族会
3 通所介護 保

♂ **援助の Key** ⋯⋯「認知症」

○ BPSD は、適切な介護により軽減することが可能です。本人、家族の不
　安感の解消などにも留意し、支援を位置づけましょう。
○認知症の悪化防止には、本人の潜在的な能力を引き出せるよう、なじみ
　のある作業や軽作業を継続してもらい、本人が役割をもって活動的に1
　日を過ごせるように心がけます。通所介護も位置づけたいサービスです。

パーキンソン病

#自由に外出 #夜間のトイレが自立 #車いすで外出 #福祉用具のレンタル

ニーズ	長期目標	短期目標
できるかぎり家族の手をわずらわせずに、自分でできる動作を増やして**自由に外出**したい	基本的な日常生活の動作が自立することができる	・福祉用具の利用で、寝返りと起き上がりが自立する ・夜間のトイレが自立する ・車いすで外出できる

#体調に波 #体調よく #生活指導 #薬の調整の指示 #通院の介助 #機能訓練

ニーズ	長期目標	短期目標
体調に波があるが、病気の管理をして、**体調よく**過ごしたい	毎日の体調が安定する	調子のよいときは、自由に動ける

#身体のこわばり #趣味のマラソン #毎日の日課 #家の周りの散歩 #仲間

ニーズ	長期目標	短期目標
身体のこわばりがあるが、**趣味のマラソン**は続けて、いつかまたハーフマラソンに出たい	毎日の日課として、ゆっくりとマラソンを続ける	転倒せず、家の周りを歩く

#浴槽のまたぎこし #清潔を保てる #施設での入浴 #浴槽での保温

ニーズ	長期目標	短期目標
湯船のまたぎこしが大変になってきたが、できるだけ湯船で温まり、**清潔を保てる**ようにしたい	自分で湯船のまたぎこしができる	施設での入浴も活用しながら、毎日湯船に入ることができる

✚ パーキンソン病

　パーキンソン病は、脳内物質のドパミンが減少して起こり、安静時の身体のふるえ、筋固縮、無動、姿勢・歩行障害が四大運動症状です。便秘や起立性低血圧などの自律神経症状、睡眠障害、うつなどの精神症状も現れます。比較的ゆっくりと症状が進み、徐々に自立がむずかしくなります。

保…介護保険対象

#ポータブルトイレ　#段差の解消　#ストレッチ

サービス内容	種別
1 福祉用具のレンタル（ギャッチベッド、サイドレール、マットレス、車いす）	1 福祉用具貸与 保
2 ポータブルトイレの購入	2 特定福祉用具販売 保
3 玄関入り口の段差の解消	3 住宅改修 保
4 ストレッチ、体操の継続	4 本人

#パーキンソン体操

サービス内容	種別
1 定期的な生活指導、薬の調整の指示	1 主治医
2 通院の介助	2 訪問介護 保
3 個別の機能訓練による筋力の維持、嚥下機能のチェック、口の動きをよくする運動	3 通所リハビリテーション 保
4 パーキンソン体操を毎日行う	4 本人

#ゆっくりと走る練習　#下肢筋力の維持　#リハビリテーション

サービス内容	種別
1 朝と夕方の家の周りの散歩	1 本人
2 仲間とゆっくりと走る練習をする	2 本人、友人
3 下肢筋力の維持のためのリハビリテーション	3 通所リハビリテーション 保

#バイタルチェック　#浴槽用手すり　#浴槽台

サービス内容	種別
1 施設での入浴の援助、浴槽での保温	1・2 通所介護 保
2 バイタルチェック	
3 浴槽用手すり、浴槽台の購入	3 特定福祉用具販売 保
4 自宅での見守り援助	4 妻

援助の Key ……「パーキンソン病」

○薬物療法、運動療法、生活療法が重要です。症状により手術が適応になることもあります。医療職との連携が欠かせません。
○運動療法では、特に下肢筋力や平衡能力が維持できるようにします。
○本人が意欲や楽しみをもって生活を送れるように支援します。

#意欲の低下 #清潔な環境 #訪問介護員と一緒に掃除や洗濯 #声かけ

ニーズ	長期目標	短期目標
意欲の低下があるが、部屋の片づけをして、**清潔な環境**で暮らしたい	部屋をきれいに保てる	訪問介護員と一緒に掃除や洗濯をする

#夫を事故で亡くし #立ち直りたい #おだやかな気持ち #精神科診療

ニーズ	長期目標	短期目標
夫を事故で亡くしてから、夫のもとにいきたい気持ちになることが多いが、何とか**立ち直りたい**	毎日を**おだやかな気持ち**で過ごせる	相談したり、自分の気持ちをいつでも話すことができる

#気持ちが沈み #もの忘れ #認知症にはなりたくない #おだやかな気持ち

ニーズ	長期目標	短期目標
気持ちが沈み、もの忘れが多くなってきたが、認知症にはなりたくない	認知症にならずに、毎日をおだやかな気持ちで過ごせる	うつ病の治療をして、もの忘れを少なくする

#悲観的な気持ち #人とのかかわり #生きがい #気晴らし #知り合いとの交流

ニーズ	長期目標	短期目標
毎日1人でいると悲観的な気持ちになることが多いが、人とのかかわりはもっていたい	自分の**生きがい**をもつことができる	人とのかかわりのなかで、気晴らしをする時間をもつことができる

✚ うつ病

うつ病は、高齢者に多い疾患です。症状には、強いうつ気分、意欲の低下、睡眠障害、行動の抑制、自殺念慮、頭痛、食欲低下、思考力や集中力の低下などがあり、高齢者では認知症にまちがわれることもあります。疾患など身体的な要因のほか、近親者との死別、社会的役割の喪失や住み慣れた家からの転居などの心理的・環境的なものが発症誘因となります。

保 …介護保険対象

#掃除状況を確認　#訪問介護

サービス内容	種別
1 掃除、片づけ、洗濯の支援 2 ゴミ出し、布団干しの支援 3 声かけ、掃除状況を確認	1～3 訪問介護 保

#ともに行う家事　#メールの交換　#支援ネットワーク

サービス内容	種別
1 精神科診療、投薬治療 2 療養上の世話、服薬管理、経過観察 3 ともに行う家事、相談援助 4 メールの交換、月1回の訪問 5 支援ネットワークの検討	1 精神科医 2 訪問看護 保 3 訪問介護 保 4 長女、孫 5 ケアマネジャー 保

#精神科診療　#投薬治療　#交換日記

サービス内容	種別
1 精神科診療、投薬治療 2 スタッフとの交換日記	1 精神科医 2 訪問介護 保 　ケアマネジャー 保

#友人　#野菜づくり　#地域情報の提供

サービス内容	種別
1 知り合いとの交流の場をもつ 2 野菜づくりを近隣の友人と行う 3 趣味の会など地域情報の提供	1 通所介護 保 2 近隣の友人 3 ケアマネジャー 保

♂ 援助の Key …… 「うつ病」

○うつ病は、適切な治療と対応で治る病気です。医療との連携もケアプランに位置づけましょう。

○うつの症状が強いと、通所介護など集団の場での対応が難しいこともあります。訪問介護や訪問看護での個別相談や経過観察、市町村で行っている保健師の訪問指導なども検討しましょう。

○自殺念慮など深刻な場合は、入院治療なども考える必要があります。

糖尿病

#糖尿病 #カロリーに制限 #おいしく食事を楽しみたい #栄養バランスのよい食事

ニーズ
糖尿病により体重やカロリーに制限がある。食事の好き嫌いもあるが、おいしく食事を楽しみたい

長期目標
栄養バランスのよい食事を続け、健康に過ごせる

短期目標
糖尿病食（1日16単位＝1280キロカロリーを守る）で体調管理ができる

#低血糖発作 #血糖コントロール #在宅復帰したい #状態が安定 #短期入所施設

ニーズ
退院後の**低血糖発作**や**血糖コントロール**への不安がある。安心できる状態で在宅復帰したい

長期目標
状態が安定し、在宅で生活できる

短期目標
短期入所施設で療養介護が受けられる

#低血糖発作 #転倒 #自宅で安心して暮らしたい #夜間の見守り #安全確保

ニーズ
昼夜とも低血糖発作や転倒が心配だが、自宅で安心して暮らしたい

長期目標
夜間安心して眠れる

短期目標
夜間の見守りがあり、昼夜をとおし、安心できる

#糖尿病 #合併症を防ぎたい #血糖コントロール #服薬指導 #栄養指導

ニーズ
糖尿病のコントロールをして、**合併症を防ぎたい**

長期目標
血糖値が安定し、インスリン注射をしない状態になれる

短期目標
栄養バランスのよい食事をとり、血糖コントロールができる

➕ 糖尿病

糖尿病は、インスリンというホルモンの分泌不足や機能低下により、体内の血糖値が常に高くなっている状態です。この高血糖状態が続くと、神経症、網膜症、腎症の三大合併症のほか、下肢の壊疽や虚血性心疾患などさまざまな合併症が問題となります。

㋫…介護保険対象

#糖尿病食　#食べやすい食形態　#食事摂取状況のチェック

サービス内容	種別
1 糖尿病食の提供、食べやすい食形態のくふう	1 訪問介護 ㋫
2 定期的に血糖値検査、体重測定	2 訪問看護 ㋫
3 嫌いな食品の代替食品の検討、指導	3 居宅療養管理指導 ㋫
4 毎食の食事摂取状況のチェック	4 訪問介護 ㋫、家族

#在宅復帰への支援　#糖尿病への対応

サービス内容	種別
1 療養介護	1〜4 短期入所療養
2 在宅復帰への支援	介護 ㋫
3 生活指導、体重測定	4 家族（自宅）
4 糖尿病への対応（インスリン注射、内服、必要時の 　ブドウ糖摂取、変化時の対応）	

#緊急時の対応　#短期入所療養介護

サービス内容	種別
1 夜間の安全確保	1 長男夫婦、長女、次 　女（交代で見守り）
2 緊急時の対応	2 短期入所療養介護 ㋫
3 介護の肩代わり	3 短期入所生活介護 ㋫

#ラジオ体操　#愛犬との散歩

サービス内容	種別
1 服薬指導	1 主治医
2 栄養指導、血糖値チェック	2 訪問看護 ㋫
3 栄養バランスのよい食事の提供	3 通所介護 ㋫
4 ラジオ体操、朝夕の愛犬との散歩継続	妻、配食サービス
	4 本人

♂ 援助の Key ……「糖尿病」

○食事療法、運動療法、薬物療法が基本です。糖尿病の食事では、三大栄養素のバランスを保ちつつ、全体の摂取エネルギーを制限します。

○血糖降下薬による低血糖症状では、冷や汗や動悸、手のふるえなどが現れます。急変時の対応をチーム間で共有しましょう。

第4章 疾患別 第2表の文例

慢性閉塞性肺疾患

#慢性閉塞性肺疾患　#体力が低下しない　#呼吸リハビリテーション　#栄養の指導

ニーズ	長期目標	短期目標
慢性閉塞性肺疾患があり、体調が悪くあまり食べられないが、**体力が低下しないよう**にしたい	食事内容の調整をしながら、病気の悪化を防ぐことができる	**しっかりと食べられて体調よく過ごす**ことができる

#慢性閉塞性肺疾患　#心身をきれい　#支援を受けて入浴　#身だしなみ

ニーズ	長期目標	短期目標
慢性閉塞性肺疾患があり、めまいや息苦しさがあるが、**心身をきれいにして**気持ちよく過ごしたい	清潔に気持ちよく毎日を過ごせる	・支援を受けて入浴ができる ・身だしなみを整えることができる

#肺気腫　#労作時の息切れ　#通院が負担　#定期的に病状管理　#通院の介助

ニーズ	長期目標	短期目標
肺気腫により労作時の息切れがあり、**通院が負担**となっているが安心して暮らしたい	定期的に病状管理を行い、心身の状態がよく生活を送ることができる	介助を受けて安全に生活することができる

#慢性閉塞性肺疾患　#在宅酸素療法　#一人暮らしでも不安なく　#定期的に相談

ニーズ	長期目標	短期目標
慢性閉塞性肺疾患により在宅酸素療法を行っているが、**一人暮らしでも不安なく**暮らしたい	**地域での支援体制を**確保する	定期的に相談を行うことができる

✚ 慢性閉塞性肺疾患

　慢性閉塞性肺疾患（COPD）は、肺気腫と慢性気管支炎の総称で、慢性的な肺の炎症により、労作時の呼吸困難や大量の痰といった症状が現れます。原因の多くは長年の喫煙習慣です。気道の感染や肺炎などをきっかけに、急激に呼吸不全を起こすほか、意識障害やショックといった症状が現れます。進行すると在宅酸素療法が適応となることも多い疾患です。

保 …介護保険対象

#食欲の出る調理方法　#通所リハビリテーション

サービス内容	種別
1 呼吸リハビリテーション 2 食事内容や栄養の指導 3 食欲の出る調理方法の習得	1 通所リハビリテーション 保 2 居宅療養管理指導 保 3 妻、料理教室

#バイタルチェック　#整容の介助

サービス内容	種別
1 バイタルチェック 2 体調を考慮した入浴の提供（一般浴、機械浴） 3 入浴後のバイタルチェック、整容の介助	1～3 通所介護 保

#健康相談　#地域包括支援センター

サービス内容	種別
1 定期的な病状管理・指導 2 通院の介助 3 健康相談	1 主治医 2 訪問介護 保 3 地域包括支援センター

#緊急時の連絡方法　#療養指導　#地域の支援ネットワークの構築　#民生委員

サービス内容	種別
1 緊急時の連絡方法について確認 2 療養指導、相談援助 3 訪問相談、地域の支援ネットワークの構築 4 民生委員の月1回訪問	1 担当者全員 2 訪問看護 保 3 ケアマネジャー 保 4 民生委員

♂ **援助の Key ……「慢性閉塞性肺疾患」**

○安静にしすぎると、生活不活発病になるおそれがあり、医師と相談しながら適度な運動が必要です。
○ COPD の人は、呼吸に大きなエネルギーがかかるため、しっかりと栄養をとる必要があります。食事に関する支援も位置づけましょう。
○感染などで急激に症状が悪化することがあるので、緊急時の安全確保にも留意しましょう。

在宅医療管理

#腹膜透析 #疲れやすい #体調が落ち着き自宅で暮らせる #家族のもとで療養

ニーズ	長期目標	短期目標
自宅で腹膜透析を行っているが、体調が悪く疲れやすい。少しでも**楽に暮らしたい**	**体調が落ち着き**自宅で暮らせる	気遣いなく家族のもとで**療養**できる

#腹膜透析 #筋力が低下 #寝たきり #自分で動きたい #自力で室内の移動

ニーズ	長期目標	短期目標
自宅で腹膜透析を行っており、寝たきりとなっているが、調子がよければ**自分で動きたい**	自力で室内の移動ができる	ときどきは**居間で過ごせる**

#ペースメーカー #健康を維持 #毎日愛犬の散歩 #ペースメーカー定期管理

ニーズ	長期目標	短期目標
ペースメーカーを使用しているが、長く飼っている愛犬の世話をしながら、**健康に暮らしたい**	**健康を維持**し、ペットの世話ができる	毎日愛犬の散歩ができる

#在宅酸素療法 #体調よく安心して自宅で過ごす #在宅酸素の管理

ニーズ	長期目標	短期目標
自宅で在宅酸素療法を行うことになったが、**体調よく**、今までと変わらない生活を送りたい	体調よく安心して自宅で過ごすことができる	・在宅酸素の**管理**をしっかりと行う ・携帯酸素ボンベで**外出**ができる

✚ 在宅医療管理

　要介護者には、在宅酸素療法、腹膜透析、経管栄養、インスリンなどの在宅自己注射、胃ろう造設など、在宅で医療管理をしながら、生活を続けている人もいます。家族や介護者のほか、ケアマネジャーも医療器具の取扱いの留意点などを熟知し、スタッフ間で情報を共有し、ケアプランに生かすことが大切です。

⑱…介護保険対象

#療養介護　#透析の管理実施　#感染予防　#訪問看護

サービス内容	種別
1 療養介護（食が進まないが、本人と話し合って少しでも食べられるもので栄養をとれるようにする） 2 透析の管理実施と感染予防	1、2 本人、家族 1、2 訪問看護 ⑱

#簡易手すり貸与　#声かけ　#移動介助

サービス内容	種別
1 簡易手すり貸与 2 声かけや励まし 3 移動介助	1 福祉用具貸与 ⑱ 2・3 夫、長女、 　　　長男

#通院支援　#バイタルチェック　#地域包括支援センター

サービス内容	種別
1 ペースメーカー定期管理 2 定期通院への支援（予約日の声かけ、通院支援） 3 バイタルチェックや体調確認 4 犬の散歩での交流	1 主治医 2 地域包括支援センター 3 通所介護 ⑱ 4 本人、近隣者

#携帯酸素ボンベで外出　#医学的管理　#呼吸リハビリテーション　#緊急通報装置

サービス内容	種別
1 医学的管理 2 体調管理、生活指導、緊急時の対応 3 酸素ボンベの管理（残量確認など） 4 送迎時ボンベ残量の確認 5 呼吸リハビリテーション 6 携帯酸素ボンベの補給 7 緊急通報装置の設置	1 主治医 2 訪問看護 ⑱ 　 本人、家族 3 本人、家族 4・5 通所リハビリ 　　　テーション ⑱ 6 酸素業者 7 市の高齢者事業

♂ 援助の Key ……「在宅医療管理」

○体調管理では、医療サービスとの連携も重要です。

○医療器具をつけていても、できるかぎりこれまで通りの生活ができるように支援しましょう。

○在宅医療では、医療機器の電源が切れたときの対応など、緊急時に備えた対応についても話し合い、プランに位置づけておくとよいでしょう。

医師との連携

ケアマネジャーのなかには、医療機関は敷居が高く感じて、医師に連絡することを躊躇してしまう人も少なくないようです。しかし、利用者の在宅での生活を支えるうえでは、医療機関、医師との連携は欠かせません。連絡を円滑にして、主治医と情報を共有し、信頼関係を築くことが大切になります。

1) 主治医との関係づくり

利用者への援助が始まった段階で、主治医に、自分が担当のケアマネジャーであることを伝えましょう。顔を覚えてもらうには、事前に連絡のうえ利用者の受診に同行したり、外来終了後に訪問するのも1つの方法です。そのときに、今後の連絡方法などを確認できれば、連携もスムーズにいきます。

2) ファクスなどの活用

医師は多忙ですので、病院の受付やソーシャルワーカーに、事前に連絡のうえ、相談の依頼の旨と相談事項、相談方法の確認を記載したファクスを送っておくとよいでしょう。ファクス内容は、聞きたい事項が簡潔にわかるようにまとめましょう。自治体によって医師との連絡文書のフォーマットがある場合もあります。

病院の医療ソーシャルワーカーとも情報交換を行えるように顔なじみになっておきましょう。

第 **5** 章

第1表の文例

■第1表文例

#骨粗鬆症 #筋力の低下 #関節の痛み #高血圧 #現状維持 #安全見守り
#軽い運動

95歳／女性／長男と二人暮らし／要介護1／A-1／Ⅱa／骨粗鬆症などで
筋力の低下や関節の痛みがあり転倒しやすい。高血圧で内服あり。手芸に集
中しすぎて血圧が上がる傾向がある

利用者および家族の生活に対する意向を踏まえた課題分析の結果	本人 デイサービスで運動やゲームなどをして楽しく過ごしたい。 長男 家では動く範囲が限られるが、現状維持しながら暮らせればよい。もの忘れの予防や歩行が維持できるよう援助してほしい。
総合的な援助の方針	血圧をときどき測定し、薬の飲み忘れがないよう関係者で援助していきます。デイサービスにより、安全見守りの中での入浴援助、軽い運動や社会交流の支援をし、ADL低下を予防します。ご家族の負担を減らしながら、○○様が生きがいをもって楽しく暮らせるよう支援していきます。

支援のKey♂	健康維持　服薬管理　**ADL低下予防**　痛み軽減のための支援 趣味の継続　生きがい支援

#糖尿病 #ADLが低下 #自宅で安全に暮らせる #ショートステイ #在宅復帰
#疾病管理 #意欲の支援 #昼夜とも安全な生活

78歳／女性／一人暮らしだが敷地内に長男家族、市内に長女、次女が住む
／要介護2／B-2／自立／糖尿病あり。肺がん手術後、退院予定。ADLが
低下し、1人では動けずインスリン注射もできない

利用者および家族の生活に対する意向を踏まえた課題分析の結果	本人 夫と暮らしたこの家で暮らしたい。 家族 退院後はショートステイで在宅復帰への支援を受けたい。3人の子どもたちで協力し、自宅で安全に暮らせるよう支えていく。入院前のように、歩けるようになってほしい。
総合的な援助の方針	退院後は、療養型のショートステイにより疾病管理と意欲の支援を行い、在宅復帰に向けた支援をします。在宅復帰後は、昼夜とも安全な生活が送れるようサービスを提供します。ご家族の支えを受けながら、以前の生活を取り戻しましょう。

支援のKey♂	**安心できる状態での在宅復帰**　体力回復 ADL　意欲低下への対応　血糖コントロール　疾病管理

\#循環器疾患　\#ペースメーカー　\#もの忘れ　\#地域包括支援センター
\#自宅で健康・快適に　\#楽しみのある生活　\#不安を解消

80歳／男性／一人暮らし／要介護1／J-2／Ⅱb／循環器疾患でペースメーカーを使用している。もの忘れの自覚がある。ペットの犬を毎日散歩させ、猫と一緒に寝るなど可愛がっている

利用者および家族の生活に対する意向を踏まえた課題分析の結果	**本人** 捨て犬、捨て猫だったがかわいそうなので家で飼ってやっている。デイサービスで昔教えてもらった先生に会えるのが楽しみ。 **長男** 店が忙しく、これまで迷惑もかけられ、介護をする気はない。通帳管理は、地域包括支援センターの方にお願いしている。
総合的な援助の方針	デイサービスで入浴介助や社会交流の機会を提供し、ご自宅で健康・快適に、ペットと一緒に楽しみのある生活を送れるよう支援します。もの忘れの自覚をお持ちなので、○○様の不安を解消できるようスタッフ一同でかかわっていきます。

支援のKey	清潔な身体・生活環境の提供　もの忘れからくる不安感への対応　通所介護での社会交流　地域包括支援センターとの連携

\#脳梗塞　\#家が一番いい　\#歩けるようになってほしい
\#リハビリテーション　\#栄養のバランス　\#健康管理　\#楽しく過ごせる

86歳／男性／一人暮らし（入院中）／要介護3／B-1／Ⅱb／脳梗塞により入院。近く退院予定

利用者および家族の生活に対する意向を踏まえた課題分析の結果	**本人** やっぱり家が一番いい。退院したら、近所も散歩したい。 **長女** 仕事をしているので、平日はできないが、時間があれば一緒に散歩したい。外に出るのが好きな人なので、前のように、歩けるようになってほしい。
総合的な援助の方針	退院後は、支えがあれば歩行ができることを目標として、リハビリテーションを続けましょう。栄養のバランスをとりながら、食事がとれるよう援助をしていきます。日常生活の中で健康管理に留意しながら、楽しく過ごせるよう支援します。

支援のKey	再発防止の健康管理　**歩行への援助**　栄養状態の維持

#脳血管性認知症 #糖尿病 #水分制限 #血糖コントロール
#いまの状態を維持 #自宅で安楽に過ごせる #家族の健康管理

87歳／女性／長男夫婦と同居／要介護5／C-2／IV／高血圧、脳梗塞後遺症、脳血管性認知症と糖尿病があり、水分制限がある。月1回血糖検査を行う

利用者および家族の生活に対する意向を踏まえた課題分析の結果	本人 苦痛なく毎日を送りたい（長男代弁）。 長男 家でできるかぎり面倒をみていくが、私の仕事が忙しく、嫁に負担がかかっているのが心配。 嫁 腰痛や頭痛がするので、十分な介護ができない。
総合的な援助の方針	退院後は、水分制限や血糖コントロールをしながら、体力を回復し、ご自宅で安楽に過ごせるよう支援していきます。また、ご家族の健康管理にも注意しながら、ショートステイも取り入れ、無理なく介護を続けられるよう援助します。

支援の Key♂ 　脳梗塞再発リスクへの対応　糖尿病への対応　水分制限　介護負担の軽減

#脳内出血 #高血圧 #認知症状 #車いすの自走 #食事の自己摂取 #移乗
#意欲をもって生活

81歳／女性／独身の長男と二人暮らし／要介護4／B-1／IIIa／脳内出血、高血圧、理解力低下、記銘力低下、意欲低下などの認知症状があり

利用者および家族の生活に対する意向を踏まえた課題分析の結果	本人 私もボケがきていますが、息子のことはわかりますよ。ありがたいです。 長男 母の気が強いのはあいかわらずだが、気が強いほうが安心する。私がいると、車いすの自走をしないので、自分でできるようにしてもらいたい。
総合的な援助の方針	食事の自己摂取ができますので、維持できるようにしていきましょう。ベッドと車いす間の移乗や車いすの自走ができるよう、多方面から援助して、意欲をもって生活できるよう、スタッフで支えていきます。

支援の Key♂ 　再発防止の健康管理　食事の自己摂取の自立支援
車いす自走への援助　意欲の維持向上　栄養状態の維持

#アルツハイマー型認知症　#短期入所のサービス　#できるかぎり家でみていける
ように　#健康管理　#安楽に過ごせる　#体重が維持できるよう　#介護負担も軽減

81歳／女性／夫、長男夫婦と同居／要介護5／B-2／Ⅳ／アルツハイマー型認知症があり理解力に欠けていることが多い	
利用者および家族の生活に対する意向を踏まえた課題分析の結果	**本人** これからも家で暮らしたい。 **長男** 父も認知症があり、目が離せない。ときどきは、短期入所のサービスを利用しながら、できるかぎり家でみていけるようにしたい。
総合的な援助の方針	アルツハイマー型認知症の進行を防ぎ、健康管理に留意しながら安楽に過ごせるよう支援していきます。食事摂取量が減少してきているので、体重が維持できるようにしましょう。ご家族の介護負担も軽減できるよう支援します。
支援のKey♂	アルツハイマー型認知症の進行緩和　体重の維持　転倒リスクへの見守り　介護負担の軽減

#水頭症　#もの忘れ　#緊急時に対応　#リハビリテーション
#トイレでの排泄　#車いすの自走　#食事の自己摂取

86歳／男性／妻と二人暮らし／要介護4／A-2／Ⅲa／水頭症の後遺症から、歩行、排泄、認知に障害が出ている	
利用者および家族の生活に対する意向を踏まえた課題分析の結果	**本人** まだまだ元気。この家で、妻と暮らしていきたい。 **妻** 元気にみえるが、もの忘れが進み、できないことが増えていて心配。緊急時に対応してほしい。
総合的な援助の方針	病気の進行に伴う歩行、排泄、認知の不自由を軽減し、○○様の尊厳を守りながら、ご自宅で安全に、安心して過ごせるように援助していきます。リハビリテーションを行い、トイレでの排泄や、車いすの自走、食事の自己摂取などを維持できるようにしていきましょう。緊急時に対応できる体制も整えていきます。
支援のKey♂	水頭症を治療しないため**緊急時の対応・体制づくり**　介護と看護の連携対応　生活不活発病のリスク対応

#ラクナ梗塞　#右不全麻痺　#リハビリテーション　#楽しみのもてる生活
#健康管理　#1人で立てるよう　#脳梗塞の再発を予防

75歳／女性／長女と二人暮らし／要介護3／ B-2 ／ IIIa ／ラクナ梗塞で右不全麻痺あり。病院でのリハビリテーションにより麻痺は改善する	
利用者および家族の生活に対する意向を踏まえた課題分析の結果	**本人** リハビリテーションはつらいが、好きなカラオケができるよう頑張っていきたい。 **長女** 昼間寝ていることが多く、1人で立つことが難しくなっている。昔から歌うことが好きなので、もっと楽しみのもてる生活を続けて、脳梗塞の再発を予防できるよう健康管理したい。
総合的な援助の方針	立った姿勢を保つことが難しくなっていますので、少しでも1人で立てるよう、重点的に援助していきます。ご趣味の歌や民謡のカラオケなど日常の楽しみも続けて、脳梗塞の再発を予防していきましょう。

支援のKey♂	脳梗塞再発リスクへの対応　**立位維持機能の維持** 日常の生きがい支援

#脳梗塞後遺症　#発作を繰り返す　#気管支肺炎　#思うように身体が動かない
#健康管理　#リハビリテーション　#感染症にも注意

68歳／女性／一人暮らし／要介護3／ B-2 ／ I ／脳梗塞後遺症（右半身麻痺）、発作を繰り返す、気管支肺炎	
利用者および家族の生活に対する意向を踏まえた課題分析の結果	**本人** 運動しているが、思うように身体が動かないのが悔しい。野良仕事ができるようになりたい。 **長男** 元気になって、少しでもできることを増やしてもらいたい。また、昔のように農業ができるようになればいいと思う。
総合的な援助の方針	健康管理に留意しながら、リハビリテーションを続けていきましょう。○○様が、安楽な気持ちで、ご自分でできることを少しでも増やせるように支援してまいります。気管支肺炎がありますので、風邪など感染症にも注意してサービスを提供していきます。

支援のKey♂	脳梗塞再発リスクへの対応　ADLの維持　呼吸器感染症の予防

#慢性腎不全　#全盲　#デイサービス　#入浴の援助　#生きがい
#活気のある生活　#負担を軽減

92歳／女性／喘息のある次男と二人暮らし／要介護2／B-2／自立／慢性腎不全、白内障放置で全盲

利用者および家族の生活に対する課題分析の結果	本人 息子がよく面倒をみてくれるのでありがたい。デイサービスへ行って楽しい時間を過ごしたい。
	次男 介助も大変なのでデイサービスで入浴の援助を続けて受けたい。近所との交流もないので、今後も週1回デイサービスへ行って楽しく過ごしてほしい。
総合的な援助の方針	健康を維持し、生きがいと活気のある生活が取り戻せるよう支援していきます。また持病のある息子さんが家事一切や昼夜介護をしているので、デイサービスで負担を軽減できるよう介護サービスを提供します。

支援のKey 健康管理と早期受診　**生活不活発病の予防**　介護負担の軽減

#肝硬変　#慢性腎不全　#腹膜透析　#できるだけ家族で介護　#自宅療養
#介護者の負担を軽減　#社会資源を活用

72歳／女性／夫と長男世帯（嫁はなし）、県外から週1回娘夫婦が来る／要介護2／B-1／自立／肝硬変、慢性腎不全、自宅で腹膜透析（CAPD）

利用者および家族の生活に対する課題分析の結果	本人 身体が疲れてつらいので早くよくなりたい。
	長男 食事がきちんととれないが、本人が食べたいというものを用意している。何とか体力をつけてほしい。できるだけ家族で介護していきたいが、福祉用具は介護保険で利用したい。
総合的な援助の方針	医学的管理を中心に、安心して自宅療養ができるよう支援します。介護者の負担を軽減できるよう、必要に応じ社会資源を活用できるよう紹介・提供していきます。

支援のKey 全身の倦怠感を緩和　食事（補助食品等）の紹介
不安感の解消　在宅透析の介護負担軽減　**医療連携**

#高血圧 #高血圧 #左上下肢麻痺 #白内障 #自宅で動けるよう #住宅改修
#福祉用具導入

87 歳／男性／妻と二人暮らし（入院中）／要介護 2 ／ B-1 ／自立／高血圧、脳出血、左上下肢麻痺、白内障
利用者および家族の生活に対する課題分析の結果を踏まえた	**本人** 自宅で動けるよう環境を整えたい。退院後もリハビリを続け歩けるようになりたい。下肢の状態がよくなれば自宅で入浴もできると思う。
	妻 心配なことも多いのでしばらくは施設で入浴支援を受け、行動への自信をつけてほしい。
総合的な援助の方針	ご夫婦での暮らしが一変してしまいましたが、以前の生活に近づくよう支援します。退院前の住宅改修と福祉用具導入で、ご自宅で安心して暮らせる環境を整えます。通所リハビリ施設でしばらくは入浴支援とリハビリテーションを続行し、目標とする生活に近づけましょう。

支援のKey ♂	自立意欲（目標あり）を応援　**福祉用具の活用や住宅改修**で介護負担軽減　血圧の安定

#脳腫瘍 #病気の進行 #ショートステイをロングで利用したい
#施設入所させたい #不安を取り除き #一日一日を大切に #連携

70 歳／男性／一人暮らし（敷地内に長男宅、幼児あり）／要介護 4 ／ B-2 ／ IIIa ／脳腫瘍（末期）
利用者および家族の生活に対する課題分析の結果を踏まえた	**本人** しっかりした意識がなくなってきている。施設利用に拒否感はない。
	長男 病気の進行で最近特に動きが悪いが、家族がついていられないのでショートステイをロングで利用したい。PCU（緩和ケア病棟）で1週間を限度で入院もできるが、今後のことを考え、早く施設入所させたい。
総合的な援助の方針	現在の身体状況などを考えると、今後は在宅での生活を続けることは難しくなると考えられます。介護医療院などへの入所を視野に入れ、ショートステイを利用していきましょう。不安なく一日一日を大切に過ごせるよう、医療と介護で連携し、支援していきます。

支援のKey ♂	脳腫瘍の進行　家族の不安を解消　介護負担の軽減施設入所を視野に入れた支援　医療との連携

#高血圧　#左上下肢麻痺　#脳動脈瘤　#アルツハイマー型認知症
#痛みやストレスを緩和　#本人が望む生活　#ストレスを溜めずに生活

78 歳／女性／息子家族と同居（7 人、夫他界）／要介護 4 ／ B-2 ／ IIIa ／高血圧、脳出血、左上下肢麻痺、脳動脈瘤、アルツハイマー型認知症

利用者および家族の生活に対する意向を踏まえた課題分析の結果	（本人）身体が痛くて動きも悪いので気が滅入る。もう少し動けるようになり、痛みの少ない生活を送りたい。 （家族）痛みが治まらず食欲がないのは心配。少しでも楽に生活できるよう介護していきたい。家族もそれぞれの立場での生活があり、ずっと付き添えないので、介護サービスを継続し援助してほしい。
総合的な援助の方針	痛みやストレスを緩和し、本人が望む生活に近づけるよう介護サービスを提供し援助します。ご家族がそれぞれの社会的立場を維持し、ストレスを溜めずに生活できるよう協力していきます。

支援のKey♂	痛みの緩和　不安解消　脳出血再発の不安 家族の介護ストレス軽減

#脳出血　#左上下肢麻痺　#乳がん摘出　#糖尿病　#リハビリ
#以前の生活に近づけるよう　#杖で生活できるよう援助

56 歳／女性／夫婦世帯（夫は現職）／要介護 2 ／ B-2 ／ I ／脳出血、左上下肢麻痺、乳がん摘出、糖尿病、高血圧

利用者および家族の生活に対する意向を踏まえた課題分析の結果	（本人）リハビリをして麻痺を改善し、歩けるようになりたい。きちんと料理や家事ができるまでに回復したい。目標に向かって生活を立て直すためにあせらず努力していきたい。 （夫）病院でリハビリをしながら以前の生活に近づけるよう家族で応援したい。段階ごとに必要な介護サービスや社会資源を活用し、一つひとつできることが増えればいいと思う。
総合的な援助の方針	左上下肢の麻痺による障害を徐々に改善し、杖で生活できるよう援助します。また、疾病を管理し、健康で心豊かに暮らせるよう毎日の運動やできる家事を少しずつ手がけていきましょう。

支援のKey♂	50 歳代での発症➡生きがいへの支援 好きな調理作業の自立支援　専門的リハビリ

#躁うつ病 #アルツハイマー型認知症 #高アンモニア血症 #今の生活を維持できれ
ばいい #入浴支援 #生活の中で役割をもてるよう #生きがいへの支援

75 歳／男性／妻と二人暮らし／要介護 1 ／ J-2 ／ Ⅲa ／躁うつ病、アルツハイマー型認知症、高アンモニア血症（肝機能障害）
利用者および家族の生活に対する意向を踏まえた課題分析の結果	**本人** 特にないが、今の生活を維持できればいい。 **妻** 寝ていることが多いので、運動をしたり本人の楽しみが見つかるよう支援を受けたい。自宅で週 3 回入浴するが、私が洗っている。デイサービスで入浴支援もしてほしい。
総合的な援助の方針	日中の活動が低下していますが、指示があれば動ける部分もあるので生活の中で役割をもてるようにしましょう。デイサービスで他者との交流や運動の時間をもち、生きがいへの支援をします。また入浴支援をして、介護者の負担を軽減します。

支援のKey ♂	病気に対する妻の不安に対応　生活不活発病を解消 肝機能の定期検査と体重の記録　特技へのアプローチ

#関節リウマチ #四肢指変形 #白内障 #今の状態を維持 #自立した生活
#意欲と生きがい #在宅生活を継続

78 歳／女性／一人暮らし／要介護 2 ／ A-2 ／自立／関節リウマチで四肢指変形、白内障
利用者および家族の生活に対する意向を踏まえた課題分析の結果	**本人** ヘルパーさんや子どもたちの援助を受けながら、今の状態を維持して暮らしていきたい。 **長女** 苦痛を軽減し、生きがいをもって自立して暮らしてほしい。できるだけ援助をしたいが、家族で無理なところは介護サービスを利用したい。
総合的な援助の方針	医療面を充実させ苦痛を減らし、できるだけ自立した生活が送れるよう関係者で支援していきます。介護保険を活用し、安全に意欲と生きがいをもって在宅生活を継続できるよう援助していきます。

支援のKey ♂	自立支援に向けた生活援助　生活を支える身体介護 体調変化の早期発見と対応　独居による不安解消

#脳梗塞 #高血圧 #白内障 #この家で暮らしていきたい
#毎日気分よく暮らしてほしい #健康状態の観察 #早期発見

94 歳／男性／一人暮らし／要介護 1 ／ J-2 ／自立／脳梗塞、高血圧、白内障	
利用者および家族の生活に対する意向を踏まえた課題分析の結果	**本人** ずっとこの家で暮らしていきたい。掃除や買い物などを支援してほしい。近所の銭湯に行くのが楽しみなので、いつまでも続けていきたい。
	長女 家が遠くてあまりひんぱんに来られないが、いつもしっかりしている父を尊敬している。自分の価値観を大切にして、銭湯通いを続けて毎日気分よく暮らしてほしい。
総合的な援助の方針	定期の受診や健康状態の観察をして、異常が早期発見できるよう留意していきます。家事がむずかしいところをお手伝いして、毎日気持ちよく生活できるよう支援します。

支援のKey♂	自立支援に向けた生活援助　異常の早期発見生きがいの支援

#脳腫瘍 #住み慣れた家で #いまの状態を維持 #安心して自宅で暮らせる
#生活の援助 #生活不活発病の予防 #家族の介護負担減

81 歳／女性／長女と二人暮らし／要介護 5 ／ C-1 ／自立／脳腫瘍	
利用者および家族の生活に対する意向を踏まえた課題分析の結果	**本人** 住み慣れた家で、娘と猫と一緒にこれからも安心して暮らしていきたい。
	長女 仕事があり、これからが不安だが、できるかぎり頑張りたい。
総合的な援助の方針	疾病による障害がありますが、いまの状態を維持して安心して自宅で暮らせるよう、また、娘さんが安心して仕事に出られるよう、全般的に生活の援助を行っていきます。

支援のKey♂	脳腫瘍の再発不安への対応　生活不活発病の予防家族の介護負担軽減

第5章

第1表の文例

事業対象者（総合事業のみ）の ケアマネジメント

>>> 全市町村で介護予防・日常生活支援総合事業を実施しています

　介護予防・日常生活支援総合事業（総合事業）は、市町村が保険給付とは別に行う事業です。すべての高齢者が利用できる一般介護予防事業（介護予防教室など）のほか、基本チェックリスト該当者と要支援者※が利用できる、介護予防・生活支援サービス事業があります。介護予防・生活支援サービス事業では、専門職のほか、ボランティアなど地域の多様な主体により訪問型サービス、通所型サービス、生活支援サービスを提供します。

　この総合事業の介護予防ケアマネジメントは、地域包括支援センターのほか、指定居宅介護支援事業者の介護支援専門員が委託を受けて行うことができます。

※ 2021（令和3）年度から、要介護認定前から市町村の補助により介護予防・生活支援サービス事業（ボランティアによる支援など）を継続的に利用していた人は、要介護者になっても引き続き利用することが可能となった。

>>> 総合事業の介護予防ケアマネジメントは3パターン

　利用者の状況や基本チェックリスト（P219）の結果、本人の希望を踏まえて選択します。

ケアマネジメント
A 原則的

指定居宅介護支援事業者の介護支援専門員は、主にケアマネジメントAの委託を受けます。

保険給付の介護予防支援（→ P216）と同様の介護予防ケアマネジメント。市町村の指定事業者による訪問型サービス・通所型サービス、市町村による短期集中予防サービスなどを利用する場合に実施。

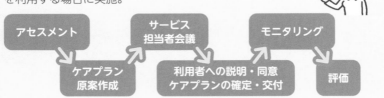

アセスメント → ケアプラン原案作成 → サービス担当者会議 → 利用者への説明・同意 ケアプランの確定・交付 → モニタリング → 評価

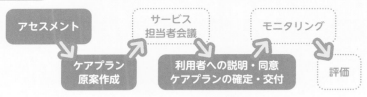

ケアマネジメント B 簡略化

サービス担当者会議やモニタリングは必要に応じて行う。指定事業者以外の多様なサービスを利用する場合などに実施。

アセスメント → ケアプラン原案作成 → サービス担当者会議 → 利用者への説明・同意 ケアプランの確定・交付 → モニタリング → 評価

ケアマネジメント C 初回だけ

ケアプランは作成せず、アセスメントの内容や目標、利用するサービスの内容などを「ケアマネジメント結果」として共有。その後のモニタリングは行わない。住民主体のサービスなどを利用する場合に実施。

ケアマネジメント C では、モニタリングが行われません。そのため、利用者のセルフケアマネジメントが重要です。本人が自分の健康づくりや介護予防の活動について、主体的に取り組む姿勢を持てるように支援します。

アセスメント → 利用者への説明・同意 → ケアプラン結果の交付

≫ 総合事業の介護予防ケアマネジメントの費用と請求先は？

　費用は、国の定める額を勘案して、市町村が定めます。地域包括支援センター（委託型）は、市町村に費用の請求を行います。

業務の委託を受けた指定居宅介護支援事業者は、地域包括支援センターに費用を請求します。

　要支援者が総合事業と予防給付のサービスを併用する場合は、保険給付の介護予防支援となり、請求は地域包括支援センターを経由して国保連に行います。

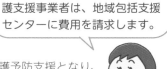

本人の趣味や生きがい、楽しみについてもよく話し合い、いまの課題が解決したときに、「こうなっていたい」という姿がイメージできるように、自立につながる目標を立てましょう。

課題	目標	支援内容	
（運動・移動） •体力の低下、下肢筋力の低下があり、転倒の可能性が高い	•近所の本屋に行き、大好きな週刊誌を買ってくる	•テレビのラジオ体操を行う •他者との交流、リハビリを行う	•本人が行う •予防通所サービス（○）
（日常生活） •BMIは17で低栄養 •調理はしない。コンビニで買ってきた菓子パンで過ごすこともある	•低栄養を改善し、元気に暮らす	•配食サービスを利用する •昼食の提供、水分補給の促し •食事の下ごしらえを一緒に行う	
（健康管理） •右半身に麻痺があり、お風呂で身体を上手に洗えない	•自宅で安全に入浴できる	•更衣、入浴の見守り •シャワーチェアの活用	•予防訪問サービス（○） •予防通所サービス（○） •福祉用具の購入

○＝総合事業の対象サービス

ケアプランの様式は、第6章で説明する介護予防支援の標準様式例（→ P218参照）を活用するほか、市町村独自の様式を用いることもできます。ケアマネジメントCでは、介護予防サービス・支援計画書を「ケアマネジメント結果等記録表」として、項目を簡略化して用いることができます。

第 **6** 章

介護予防
ケアプランの
書き方

- 介護予防ケアマネジメントの流れ
- 介護予防ケアプランの種類
- 介護予防サービス・支援計画書の基本構成
- 介護予防サービス・支援計画書の書き方
- 介護予防支援・サービス評価表の書き方

介護予防ケアマネジメントの流れ

1 >>> 介護予防ケアマネジメントの目指すもの

　介護予防ケアマネジメントは、高齢者に介護が必要とならないように、また介護が必要になっても、地域のなかでその人らしい自立した生活が続けられるよう支援することを目的としています。

　ケアマネジメントの基本的な流れは、要介護者へのケアマネジメントと同じですが、「介護予防」のためのケアマネジメントであるという視点を常にもち、支援にあたることが大切です。

☑チェック ⁺✦

介護予防ケアマネジメントの視点
＜基本的な視点＞
□利用者の**意欲**を高め、**自立の可能性**を最大に引き出す
□将来の**改善可能性**に基づいたアセスメントを行う
□一定の期間に達成可能な、明確な目標設定をする
＜目標設定＞
□利用者の**興味や関心**のあることを中心に目標設定
□利用者が**主体的**になれる文言「○○をしたい」「○○に挑戦する」
＜支援内容＞
□目標達成のための**具体的な支援内容**を盛り込む
□心身機能の向上だけではなく、「**活動**」「**参加**」にバランスよく働きかける

---

2 >>> 原則的な介護予防ケアマネジメントの流れ

　介護予防ケアマネジメント（総合事業のケアマネジメント・保険給付の介護予防支援）は、一括して地域包括支援センターが担当します。また、指定居宅介護支援事業者は、地域包括支援センターからその事業の一部を委託を受けて行うことができますが、その場合、

地域包括支援センターと連携して行っていくことが必要となります（下表）。

■ケアマネジャーが介護予防支援を委託を受けて行う場合の流れ

地域包括支援センター	居宅介護支援事業者

地域包括支援センター

① 利用者からの申込受付

　② 利用者と契約締結

　③ ケアマネジャーへ委託
　　■ 利用者情報を提供（基本チェックリスト、主治医意見書など）

⑦ 介護予防ケアプラン原案を確認
　　■ 意見を記入し、確認印を押す

※ 確認のタイミングが異なる場合もあります

※ サービス担当者会議への参加が望ましいです

⑩ 介護予防ケアプランを保管

⑬ 評価の結果等を確認し、指導・助言を行う

居宅介護支援事業者

④ 受託

⑤ アセスメントを行う

　　利用者基本情報

　介護予防サービス・支援計画書

⑥ 介護予防ケアプラン原案を作成

　介護予防サービス・支援計画書

確認

⑧ サービス担当者会議を開催

　　介護予防支援経過記録

⑨ 介護予防ケアプランを作成

　　■ 利用者に説明して同意を得て交付する

⑪ モニタリングを行う
　　■ 毎月、電話などで本人から状況把握
　　■ 3か月に1回、評価期間終了月には自宅訪問・面接

　　介護予防支援経過記録

提出

⑫ 評価を行う
　　■ 評価期間終了月
　　介護予防支援・サービス評価表

提出　**提出**　**提出**　**指導助言**

介護予防ケアプランの種類

1 >>> 介護予防ケアマネジメントの関連様式

　介護予防ケアマネジメントの関連様式は、総合事業・介護予防支援共通の書式となっています。なお、この様式は、介護予防ケアマネジメントを行うための**必要最低限**の情報を含む書式例として、国が示しているものです。各自治体で独自に項目を追加したり、構成や紙面の大きさを変更したり、書きやすいようにくふうすることができます。

フェイスシート

❶ 利用者基本情報

利用者の基本的なプロフィール、今までの生活歴、現在の生活状況、趣味、楽しみ、特技などを書く欄があります。利用者の目標や援助内容などを設定する際にも、参考となる情報です。

課題分析・ケアプランの書類

❷ 介護予防サービス・支援計画書（ケアマネジメント結果等記録表）

この書類には、①アセスメント過程、②専門職と利用者・家族の合意形成までの過程、③目標、援助計画などのケアプランの過程と３つの要素が含まれています。記入することも多く、介護予防ケアプランのなかでも、要となる書類といえるでしょう。書類の書き方は、P220 〜 227 も参照してください。

☑ **チェック** ✦

基本チェックリスト

社会参加、運動器、栄養、口腔、閉じこもり、もの忘れ、精神の状態に関する **25の質問項目** から構成され、**「はい　いいえ」で回答する様式** です。市町村や地域包括支援センターなどが、困りごとなどの相談にきた被保険者に、基本チェックリストを対面で実施し、利用すべきサービスについて振り分け（事業、認定申請など）を行います。

ケアプラン作成に関連した業務を記録する書類

❸ 介護予防支援・介護予防ケアマネジメント経過記録（サービス担当者会議の要点を含む）

「居宅介護支援経過」と同様に、利用者、家族から得た情報や主治医、サービス提供事業者とのかかわりなどを通じて把握したことを、時系列で記載していきます。「サービス担当者会議」の記録も書きますが、別紙を活用する場合は、「別紙参照」と書いておくとよいでしょう。

❹ 介護予防支援・介護予防ケアマネジメントサービス評価表

設定した目標期間が終了するときに、サービスの目標が達成されたか、支援が適切であったかどうかの評価と今後の支援の方針を記載します。書類の書き方は、P228〜230も参照してください。

2 >> 利用者への説明・同意・交付が必要になる書類

　「介護予防サービス・支援計画書」は、利用者への説明・同意・交付が必要です。特に、ケアプランに関連する部分には、利用者にわかりやすい説明をし、同意を得る必要があります。

介護予防サービス・支援計画書の基本構成

　「介護予防サービス・支援計画書（ケアマネジメント結果等記録表）」は、下記のように、アセスメントからケアプラン作成までの過程が含まれていることに特徴があり、**1**→**2**→**3**と左から右に書

利用者が今後どのような生活を希望しているのか、生活機能が向上したら、どのような生活を送っているのか、利用者と話し合いながら、具体的な日常生活のイメージを記載する

介護予防サービス・支援計画書

利用者名	様	認定年月日	年	月	日	認定の有効期間	年
計画作成者氏名					委託の場合:計画作成事業者・事業		
計画作成（変更）日　年　月　日(初回作成日　年　月　日)							

「1日」は、大きな目標を達成するまでの段階的な目標。日々できること、達成感が感じられるようなことを書く

目標とする生活

1日

❶ アセスメント領域と現在の状況	❷ 本人・家族の意欲・意向	❸ 領域における課題（背景・原因）	❹ 総合的課題	課題に対する目標と具体策の提案 ❶	具体策についての意向 本人・家族 ❷
運動・移動について		□有 □無			
日常生活（家庭生活）について	□有 □無				
社会参加・対人関係・コミュニケーションについて					
健康管理について		□有 □無			

1 アセスメント領域ごとの課題分析の過程 →P222

2 専門職、利用者・家族の合意形成までの過程 →P225

左から右に書く ＞＞＞＞＞＞

基本チェックリストで該当した項目数を書く

健康状態について
□主治医意見書、検診結果、観察結果等を踏まえた留意点

【本来行うべき支援ができない妥当な支援の実施に向けた方

基本チェックリストの（該当した質問項目数）／（質問項目数）をお書きください。
地域支援事業の場合は必要な事業プログラムの枠内の数字に○印をつけてください。

	運動不足	栄養改善	口腔内ケア	閉じこもり予防	物忘れ予防	うつ予防
予防給付または地域支援事業						

地域包括支援センター	【意見】

指定居宅介護支援事業者が介護予防ケアプランの委託を受けている場合、地域包括支援センター（指定介護予防支援事業者）の担当者が介護予防ケアプランの原案の確認を行った際に、記載する。この確認を受けたあとに、利用者への説明、同意、交付を行う

き進める構成になっています。これら**1**～**3**は、P222 からくわしくみていきます。

※ケアマネジメント C では、アセスメント領域のうち❶、❷と、支援計画❶、❸、❹、❻を記載し、それ以外は省略可。

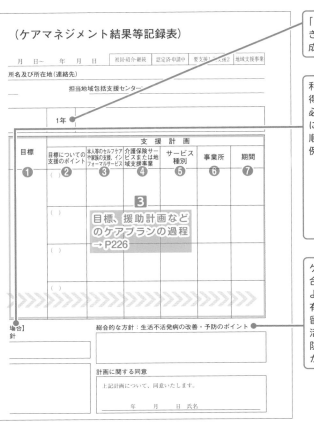

（ケアマネジメント結果等記録表）

| 月　日～　年　月　日 | 初回・紹介・継続 | 認定済・申請中 | 要支援1・支援2 | 地域支援事業 |

所名及び所在地（連絡先）

担当地域包括支援センター：

1年

「1年」は、楽しみや生きがいをもとに、今後達成したい目標

利用者や家族の合意が得られない場合や、本来必要な社会資源が地域にない場合に、今後の手順や方針を記載する
例）本人が通所リハビリテーションに行きたくないとの意向あり。毎日の散歩など生活のなかでできる運動を実施していく

目標	支援計画					
	目標についての支援のポイント	本人等のセルフケアや家族の支援、インフォーマルサービス	介護保険サービスまたは地域支援事業	サービス種別	事業所	期間
❶	❷	❸	❹	❺	❻	❼
	（　）					

3
目標、援助計画などのケアプランの過程
→P226

| | （　） | | | | | |
| | （　） | | | | | |

場合］針

総合的な方針：生活不活発病の改善・予防のポイント

ケアプラン第1表の「総合的な援助の方針」のように、チーム全体が共有する支援の方向性や留意点を記載する。生活不活発病の改善や予防など介護予防の観点から記載する

計画に関する同意

上記計画について、同意いたします。

　　　　年　　　月　　　日　氏名

介護予防サービス・
支援計画書の書き方

ここからは、事例をもとに書き方のポイントをみていきましょう。

年齢・性別	85 歳　男性	要介護度	要支援 1
家族形態	●妻（80 歳）、50 歳代の長男夫婦と二世帯同居		
主な病気	痛風があり、通院、投薬治療中		
状況	●化膿性膝関節炎により 1 か月入院した ●退院後も両下肢に浮腫が出ており、歩行状態が一時的に悪化 ●身の回りのことは、自分でやりたい ●外出はほとんどしないが、人と話すのは好き。町内会で開催している食事会は、楽しみにしている		

1 ≫ アセスメント領域ごとの課題分析の過程

本人・家族と面接し、**基本チェックリスト、主治医意見書**などの情報も参考にしてアセスメントし、総合的課題までを導きだします。

❶ アセスメント領域と現在の状況

4 つの領域ごとに生活の状況（できること、できないこと）を記載します。生活を送るうえで「特に維持したい、または特に支障となっていること」「**課題や目標につながる**ようなこと」をしぼって**簡潔**に書きましょう。

「**運動・移動**」では、（杖なしか、杖ありか、車いすか）などの手段により、歩行や移動ができているかなどを確認していきます。

「**日常生活（家庭生活）**」では、買い物、調理などの家事、住居や経済の管理、ペットの世話など日常生活の状況を記載します。

　「**社会参加・対人関係・コミュニケーション**」では、家族や近隣の人、仕事やボランティア活動、町内会への参加状況や家庭内での役割の有無などを記載します。

　「**健康管理**」では、清潔、整容、口腔ケア、服薬、飲酒や喫煙のコントロールなど、健康管理で必要と思われるものを記載します。

❷ 本人・家族の意欲・意向

　❶で確認した内容について、**本人と家族がどのように思っているのか**を記載します。本人と家族の意見が異なる場合は、(本人)(長男) などそれぞれわけて書きます。

❸ 領域における課題（背景・原因）

　❶の領域ごとに記載したことの背景・原因を、**直接的・間接的**な観点から分析して書きます。また、その状態でいると、将来どのようなことになるのか、**予測できること**も記載します。結果的にその領域に課題があると思われる場合は、「☑有」とチェックマークを入れます。優先度が低いものを「☑無」とした場合、その理由や見通しを書いておくとよいでしょう。

記載例 ❶〜❸

① 現在の状況	② 本人・家族の意欲・意向	③ 背景・原因
運動・移動について 杖の使用で、だいぶ歩行ができるようになったが、まだふらつきが残る	(本人) 四点杖があると、歩くときに助かる (妻) 通所で機能訓練ができたらと思う	☑有　　　□無 右膝の変形性膝関節症、両下肢の炎症、浮腫
日常生活（家庭生活）について 押し入れからの布団の上げ下ろし、入浴は自分で何とかできている。家事は妻と息子の嫁が行っている	(本人) 今後もできることは自分でやりたい	□有　　　☑無 自分でするという意識が強い ※入浴については、今後福祉用具の検討も考慮

社会参加・対人関係・コミュニケーションについて 外出はほとんどしないが、人と話すことは嫌いではない。隔週で、町内会の食事会に行くことを楽しみにしている	（本人）今後も食事会に出かけたい （嫁）食事会には付き添いたい	☑有　　□無 右膝の変形性膝関節症、両下肢の炎症、浮腫により歩行状態が悪い
健康管理について 腎機能の指標、クレアチニン値のほか、尿酸値が若干あがってきている	（本人）薄味に慣れたい （嫁）塩分を控えた料理をする	☑有　　□無 腎機能の低下が予測される

❹ 総合的課題

　各領域の課題から、**共通の原因や背景**をみつけ、利用者の**生活全体の総合的な課題**としてまとめます。この事例では、「右膝の変形性膝関節症、両下肢の炎症、浮腫」による歩行障害が、移動や外出を妨げる原因となっていることがわかります。また、腎機能の低下が予測され、予防的な食事管理が必要です。このようなことから、何をする必要があるのかを明らかにします。総合的課題が複数ある場合は、優先順位の高い順に、番号をつけておきましょう。

記載例 ❹ 総合的課題

> 1　膝の痛みや浮腫により歩行が不安定なため、浮腫を改善し、筋力を維持する必要がある。安全に外出できるようにして、楽しみである食事会への出席は続けられるようにする
>
> 2　腎機能の低下がみられるため、栄養バランスを考え、塩分を控えた食事を毎日とれるようにする必要がある

2 >> 専門職、利用者・家族の合意形成までの過程

　総合的課題を解決するための、専門家の提案とそれに対する利用者・家族の意向をすりあわせ、合意を得るまでの過程です。

❶ 課題に対する目標と具体策の提案

　総合的課題を解決する、**専門家としての具体的な提案**を記載します。サービスが先にある提案ではなく、どのような生活をおくりたいか、そのために何が必要か、という視点で提案することが大切です。また、利用者・家族の価値観や好みを考慮して、**具体的で達成可能なもの**である必要があります。総合的課題が複数ある場合、番号をつけて、対応関係がわかるようにします。

記載例 ❶ 課題に対する目標と具体策の提案

> 1　（目標）浮腫を改善して安全に歩けるようにし、食事会への参加を続ける
>
> 　（具体策）歩行時に、かかとから足がつくようにリハビリテーションをする
> 　外出時の移動では、四点杖を支えにして歩く
> 　外出時には必ず付き添いを立てる
>
> 2　（目標）低塩分、低たんぱくでバランスのよい食事を毎日、無理なく続けられるようにして、腎機能を改善する
>
> 　（具体策）食事をおいしく食べられるよう、酢やとろみのある食材を活用するなど調理方法をくふうする

❷ 具体策についての意向　本人・家族

　ケアマネジャーが提案する目標と具体策について、本人・家族の意向を記載します。やりとりのなかで、「○○が必要だと思う、○○を行いたい」というような前向きな気持ちを引き出せるようにし、その意向を記載します。合意が得られない場合は、その理由についてあわせて記載しておきましょう。

記載例 ❷ 具体策についての意向　本人・家族

> 1　（本人）リハビリテーションをして頑張りたい。少しでも動ける
>   ようになりたい。四点杖を使って近所を散策する。食事会には、
>   隔週で通いたい
>
>   （嫁）外出時には、私が付き添う
> 2　（本人）薄味に慣れたい
>   （嫁）塩分が少なくてもおいしい食事をつくりたい。ほかの料理
>   も参考にしたい

🔳≫ 目標、援助計画などのケアプランの過程

　ケアマネジャーの提案と利用者・家族の意向をすりあわせ、**合意が得られた目標**を記載します。そして、その目標に対応する、具体的な援助計画を立てていきます。

❶ 目標

　この目標は、あとで達成か未達成かの評価を行いますので、必ず行動に移せるような、**具体的で効果がわかるもの**を、わかりやすい表現で、利用者・家族と話し合いながら設定していきましょう。

❷ 目標についての支援のポイント

　ここでは、目標を達成するために必要な、利用者・家族、支援者で共有したい**安全管理上などの留意点**について記載します。

❸ 本人等のセルフケアや家族の支援、インフォーマルサービス

　本人が自ら取り組むセルフケアは、本人の目的意識を高めるためにも重要です。その他家族の支援やボランティアなど、具体的にだれが何を行うのか明確にわかるように記載します。

❹ 介護保険サービスまたは地域支援事業

　予防給付または地域支援事業のサービス内容を記載します。

記載例 ❶～❹

① 目標	支援計画		
	② 目標についての支援のポイント	③ 本人等のセルフケアや家族の支援、インフォーマルサービス	④ 介護保険サービスまたは地域支援事業
両下肢の浮腫を改善し、隔週で、楽しみにしている食事会に行くことができる	転倒予防と下肢筋力の維持	（本人）できるだけ毎日、近所を杖で散歩する。食事会は欠席しない。目的地まで自分の足で一歩一歩、歩く（嫁）転倒しないように付き添いをする	・岩盤浴で下肢の血流を促進 ・機能訓練を実施する ・四点杖の貸与 ・玄関の手すりを設置
低塩分、低蛋白でバランスのよい食事をとり、腎機能を改善する	おいしく食べる調理のくふう、メニューの研究	（嫁）だし割しょうゆをつくる	

❺ サービス種別

　❸、❹に対応する、「介護予防通所リハビリテーション」「介護予防福祉用具貸与」などのサービス種別を記載します。

❻ 事業所

　その支援内容を提供する事業所、介護保険外の公的サービスや、地域のインフォーマルサポートの提供主体を記載します。

❼ 期間

　支援内容をどの程度にわたり実施するのかを記載します。この**期間が終了する月**には、「評価」を行い、「介護予防支援・サービス評価表」を記載する必要があります。

介護予防支援・介護予防ケアマネジメントサービス評価表の書き方

　「介護予防支援・介護予防ケアマネジメントサービス評価表」は、介護予防ケアプランで設定した目標の達成度合いをチェックし、今後の方針を決定するための書類です。

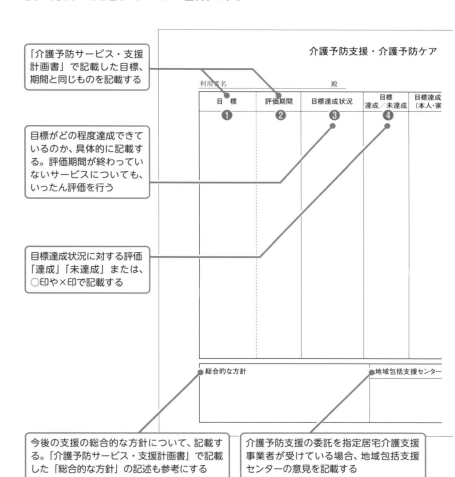

「介護予防サービス・支援計画書」で記載した目標、期間と同じものを記載する

目標がどの程度達成できているのか、具体的に記載する。評価期間が終わっていないサービスについても、いったん評価を行う

目標達成状況に対する評価「達成」「未達成」または、○印や×印で記載する

今後の支援の総合的な方針について、記載する。「介護予防サービス・支援計画書」で記載した「総合的な方針」の記述も参考にする

介護予防支援の委託を指定居宅介護支援事業者が受けている場合、地域包括支援センターの意見を記載する

介護予防支援・介護予防ケア

利用者名　　　　　　　殿

目標 ❶	評価期間 ❷	目標達成状況 ❸	目標達成／未達成 ❹	目標達成（本人・家

総合的な方針

地域包括支援センター

なぜ、目標が達成されなかったのか、利用者・家族がどのようにそれを認識しているのかを確認し、原因を記載する

なぜ、目標が達成されなかったのか、利用者・家族の意見を含め、専門家としての意見を記載する

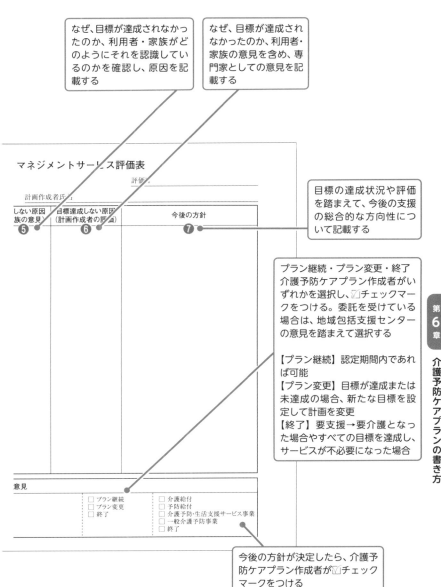

マネジメントサービス評価表

評価

計画作成者氏名

しない原因族の意見 ❺	目標達成しない原因（計画作成者の評価）❻	今後の方針 ❼

目標の達成状況や評価を踏まえて、今後の支援の総合的な方向性について記載する

プラン継続・プラン変更・終了　介護予防ケアプラン作成者がいずれかを選択し、☑チェックマークをつける。委託を受けている場合は、地域包括支援センターの意見を踏まえて選択する

【プラン継続】認定期間内であれば可能
【プラン変更】目標が達成または未達成の場合、新たな目標を設定して計画を変更
【終了】要支援→要介護となった場合やすべての目標を達成し、サービスが不必要になった場合

意見

□ プラン継続 □ プラン変更 □ 終了	□ 介護給付 □ 予防給付 □ 介護予防・生活支援サービス事業 □ 一般介護予防事業 □ 終了

今後の方針が決定したら、介護予防ケアプラン作成者が☑チェックマークをつける

記載例 ❶〜❼

① 目標	② 評価期間	③ 目標達成状況	④ 目標達成／未達成
両下肢の浮腫を改善し、隔週で、楽しみにしている食事会に行くことができる	○年1月1日〜○年12月31日	温熱療法により浮腫は軽減している。足首の可動域も増えて、転倒せずに歩行ができるようになった。食事会には、まだ嫁の付き添いは必要だが、隔週で毎回出席ができている。本人も楽しまれているようだ	達成

⑤ 目標達成しない原因（本人・家族の意見）	⑥ 目標達成しない原因（計画作成者の評価）	⑦ 今後の方針
（本人）食事会は、嫁が付き添わなくても、1人で行けるようにしたい（家族）来年あたり、温泉旅行を計画している。一緒に行こうと言っている	食事会には今度ひとりで行けるように挑戦するということであった。前向きな考えのある方なので、回復も早そうである。来年、家族で旅行したいという目標もできた	今後は、旅行に楽しく行けることを目標に、下肢筋力の維持を図り、車いすなどを利用せずに、家族と一緒に旅行ができ、家族と一緒の温泉に入れるように機能訓練を続ける

　この事例では、「達成」となっています。この場合、「目標達成しない原因」の欄には、本人・家族や計画作成者の新たな目標設定に向けた意向や評価を記載してもよいでしょう。

　そして、目標達成状況を踏まえて、「今後の方針」を記載します。

第 **7** 章

事例集

■要介護度別ケアプランの留意点

事例1… A子さん 軽度〈要介護1〉の場合
事例2… B助さん 中度〈要介護3〉の場合
事例3… C子さん 重度〈要介護5〉の場合

要介護度別ケアプランの留意点

1 >>> 軽度～生活機能の維持・改善と重度化の防止

軽度者（要介護1・2）では、利用者の今後の状態変化を予測したうえで、現在の生活機能を維持・改善すること、また重度化を予防する視点が大切になります。

本人の生活歴や価値観を考慮し、意欲を引き出せるような目標設定をしましょう。

課題では、改善の可能性があること、本人の意欲のあることも、優先的にケアプランに盛り込んでいきましょう。

重度化予防のためには、1日の生活を不活発にしないようにし、体力維持のための十分な栄養状態摂取や水分補給ができるような配慮をします。状態悪化につながる転倒・骨折予防も重要です。

2 >>> 中度～寝たきり防止のための疾病管理

中度者（要介護3）では、複数の疾患を抱えていたり、人工透析などの医療的管理が必要な人も多くなります。

アセスメントに基づき、確実に体調管理ができるようなニーズを盛り込みましょう。体力低下を防ぐための栄養管理、緊急時に備えた体制づくりも重要です。

状態像によっては、リハビリテーションも取り入れたいサービスです。筋力を維持し、寝たきりにならないようにしましょう。

中度者でも、改善可能性のある ADL や IADL の領域は一定の割合であります。できる可能性のあること、本人の生活歴などから意欲を引き出し、ケアプランに盛り込みましょう。

❸ >> 重度～医療との連携、疾病管理

　重度者（要介護 4・5）では、ADL や IADL に全面的な介助が必要であり、介護者の負担軽減も大きな課題のひとつになります。何がいちばんの負担となっているのか、具体的にアセスメントをして優先順位をつけましょう。

　ターミナルケアでは、利用者が状態悪化した場合に備えたチームの体制づくりも大切です。医療関係者と密に連携し、定期巡回・随時対応型訪問介護看護を盛り込むなどしていきましょう。

　重度者で身体機能の自立度は低くても、介助を得れば社会参加は可能な場合もあります。生活機能の維持・改善という観点は忘れないようにしましょう。

■ 要介護度別　サービスの量の目安

要介護度	支給限度基準額	サービス例
要介護 1	16,765 単位	通所介護（2 回／週）、訪問介護（4 回／週）、福祉用具貸与（歩行補助杖など）
要介護 2	19,705 単位	通所介護（3 回／週）、訪問介護（4 回／週）、福祉用具貸与（車いす、特殊寝台など）
要介護 3	27,048 単位	通所介護（3 回／週）、訪問介護（10 回／週）、福祉用具貸与（車いす、特殊寝台など）
要介護 4	30,938 単位	通所介護（1 回／週）、訪問介護（14 回／週）、福祉用具貸与（車いす、特殊寝台など）
要介護 5	36,217 単位	訪問介護（朝、昼、夜 21 回／週）、訪問リハビリテーション（1 回／週）、福祉用具貸与（車いす、特殊寝台など）

※サービス時間により提供回数は変わります。
※利用者の状態像によりサービス内容は異なります。

事例1 A子さん 軽度〈要介護1〉 の場合

主訴 >>

　関節リウマチの痛みがあるが、好きな花を眺めながら、安心して一人暮らしを続けたい。

プロフィール >>

名前・年齢	A子　75歳	要介護度	要介護1
家族形態	●一戸建てに一人暮らし。 ●県内に長女（47歳）の家族（夫、高校生の子）が住んでいる。長女は仕事で忙しいが、毎週日曜日に様子を見にくる。 ●長男（49歳）の家族は海外在住。		
主な病気	関節リウマチ　1年前に大腿骨骨折で手術		
生活歴	25歳で幼なじみの夫と結婚、長男、長女をもうけた。46歳で関節リウマチを発症したが、パート勤務は58歳まで続けた。園芸が趣味で、夫の退職後は、夫婦で草花の手入れをするなどおだやかに暮らしていたが、5年前に夫が悪性腫瘍で他界。一人暮らしだが、子どもとの同居は考えていない。		

>> 健康状態、心身機能

○関節リウマチで、投薬治療を続けているが両手関節の変形が著しい。痛みは常にあり、疲れやすく風邪もひきやすい。
○1年前に転倒により骨折し、手術した。
○歯はすべて自歯で、定期的に歯医者でケアをしている。

⟫　生活の活動状況

○ 立ち上がりに時間がかかる。室内では、ふらつきはあるが1人でゆっくりと杖歩行している。

○ 家の目の前にあるコンビニエンスストアには、ちょっとした買い物には行けるが、200メートル先の郵便局までは1人では不安で、生活費の引き出しや振込に行かれず困っている。

○ 新聞、郵便物などは玄関先の郵便受けまで取りにいける。

○ 食事の用意があれば、温め、自助具を使って一人で食事ができる。

○ 浴槽が深いため、1人で入浴ができず介助が必要。排泄は時間はかかるが自分でできる。

○ 手指の変形や痛みがあり、家事はほとんどしていない。掃除や洗濯、主な日用品・食料品などの買い物は日曜日に長女にしてもらっている。

○ ゴミ出しは、軽いものであれば玄関前の集荷所までもっていける。

⟫　社会とのかかわり、その他

○ 性格は温厚で話し好き。ときどき訪ねてくる近所の友人と話すのが楽しみ。

○ 入院仲間と週1回ほど電話でおしゃべりしている。妹とも、よく電話でおしゃべりをする。

○ 草花が大好きだが、手指の痛みが強く、庭の手入れができない。最近は花が枯れてきているのを残念に思っている。

第1表		居宅サービス

利用者名　**A子**　　　　　　　　　　　　　　様　生年月日 昭和21年　5 月 1

居宅サービス計画作成者氏名　　山本 和美

居宅介護支援事業者・事業所名及び所在地　　○○○○○○

居宅サービス計画作成（変更）日　　○　年　○　月　○　日

認定日　○　年 ○ 月 ○ 日　　認定の有効期間　○ 年　6 月　1 日

要介護状態区分	要介護1 ・ 要介護2 ・ 要介護3 ・

利用者及び家族の生活に対する意向を踏まえた課題分析の結果	（ご本人）関節リウマチで不自由なことや一人 　　　　　自分でできないところは手伝っても （長女）　痛みで動けない日もあるので何かと 　　　　　四季折々の草花を眺められるよう花 　　　　　日々のことはしてやれないので在宅
介護認定審査会の意見及びサービスの種類の指定	なし
総合的な援助の方針	◎体調の変化をとらえ、早めに受診につなげ ◎身体の痛みが少しでも軽減でき生きがいを ※緊急連絡先　I 病院 S 医師　○○○−○○ 　　　　　　　長女携帯電話　○○○−○○
生活援助中心型の算定理由	1. 一人暮らし　2. 家族等が障害、疾病等

居宅サービス計画について説明を受け、内容に同意し交付を受けました。	説明・同意日

236

計画書（1）

| 作成年月日 | ○年○月○日 |

（初回）・　紹介　・　継続　　（認定済）・　申請中

日　　住所　　○○県△△市□□町○○－○○

居宅介護支援事業所　○○県　△△市□□町○○－○○

初回居宅サービス計画作成日　　○　年　○　月　○　　日

～　　○年　11　月　30　日

要介護4　　・　　要介護5

　暮らしの不安はあるが、住み慣れたこの家で暮らしていきたい。
らいたい。体調がよければ庭に出て好きな花を眺めたい。

　心配。自分の家庭や仕事を調整してなるべく様子を見にいきたい。
を買って植えたり、庭の手入れをしてやりたい。
サービスを利用し、安心して暮らしてもらいたい。

　られるようご本人や娘さんと連絡を密にとらせていただきます。
もって一人暮らしを続けられるように支援いたします。

○○－○○○○
○○－○○○○

3. その他　（身体障害者手帳3級　　　　　　　　　　　　）

| ○年○月○日 | 利用者同意欄 | A子 | (A子) |

※国の標準様式に同意欄はありません

第2表

居宅サービス

利用者名　　A子　　　　　　　　様

生活全般の解決すべき課題（ニーズ）	目標			
	長期目標	（期間）	短期目標	（期間）
住み慣れた家でこれからも暮らしたい	一人暮らしの不安が軽減できる	○年6月1日〜○年11月30日	緊急時の対応がある	○年6月1日〜○年8月31日
	できる家事が増える	○年6月1日〜○年11月30日	できる家事は自分でする	○年6月1日〜○年8月31日
転倒しないで安全に家の中を動けるようになりたい	転倒せず1人で安全に歩くことができる	○年6月1日〜○年11月30日	立ち上がりや移動でふらつかない	○年6月1日〜○年8月31日

※1 「保険給付対象かどうかの区分」について、保険給付対象内サービスについては○印を

※2 「当該サービス提供を行う事業者」について記入する。

238

計画書（2）

作成年月日	○年 ○月 ○日

援助内容					
サービス内容	※1	サービス種別	※2	頻度	期間
緊急通報装置の設置による緊急時の対応		市による高齢者事業	委託S警備会社	常時	○年6月1日～○年8月31日
家族との連携による体調変化の観察、通院状況の把握	○	関係者	H訪問介護、担当ケアマネジャー	随時	
家族の訪問や買い物、必要時受診介助		家族	長女、孫他	適宜週1訪問	
できない家事の生活支援（掃除、洗濯、調理他）	○	訪問介護	H訪問介護	週3日	○年6月1日～○年8月31日
家事意欲を引き出す（準備を一緒に行う）					
昼食の支援 ●配食サービス ●安全見守り		市による高齢者事業	委託業者	週4回	
送迎車による介助、筋力低下予防運動、訓練や移動見守り	○	通所介護	Aデイサービス	週2回	○年6月1日～○年8月31日
		市による高齢者事業	B公会堂	週1回	
段差の解消、トイレ用手すり取りつけ	○	住宅改修	C住宅改修事業所	6月～	
室内の安全点検		家族	長女	適宜	

付す。

第2表

居宅サービス

利用者名　　　A子　　　　　　　　様

生活全般の解決すべき課題（ニーズ）	目標			
	長期目標	（期間）	短期目標	（期間）
安全に入浴して身体の清潔を保ちたい	身体の清潔を保持できる	○年6月1日～○年11月30日	気持ちよく入浴できる	○年6月1日～○年8月31日
関節リウマチの治療を続け、痛みが出ないようにしたい	関節リウマチの進行や体調悪化を予防できる	○年6月1日～○年11月30日	定期受診できる	○年6月1日～○年8月31日
			薬を間違わず飲める	○年6月1日～○年8月31日
不安なく、1人で外出できるようになりたい	不安なく、1人で近所のスーパーに行くことができる	○年6月1日～○年11月30日	1人で郵便局に行くことができる	○年6月1日～○年8月31日

※1 「保険給付対象かどうかの区分」について、保険給付対象内サービスについては○印を
※2 「当該サービス提供を行う事業者」について記入する。

計画書（2）

作成年月日	○年 ○月 ○日

援助内容					
サービス内容	※1	サービス種別	※2	頻度	期間
入浴や着替え介助、保温への配慮	○	通所介護	Aデイサービス	週2回	○年 6月1日 ～ ○年 8月31日
		家族	長女	週1回	
診察、治療、生活指導		医療機関	I病院S医師	月2回	○年 6月1日 ～ ○年 8月31日
通院受診の介助、医師との連携、薬確認		家族	長女		
体調の管理（バイタルサインなど）	○	通所介護	Aデイサービス	週2回	
服薬用カレンダーの作成・仕分け		本人	本人	週1回	○年 6月1日 ～ ○年 8月31日
郵便局への外出介助 ※体調不良時は庭への外出介助	○	訪問介護	H訪問介護	週1回 ※体調良日	○年 6月1日 ～ ○年 8月31日

付す。

事例1 A子さん 軽度〈要介護1〉 の【第3表】

第3表		利用者名：	A子 様		週間サービス
		月	火	水	木
深夜	0:00				
	2:00				
	4:00				
早朝	6:00				
	8:00				
午前	10:00	通所介護 ・送迎 ・健康チェック ・入浴 ・昼食 ・運動、交流	訪問介護 ・掃除、洗濯他	★公会堂 ・運動、交流	通所介護 ・送迎 ・健康チェック ・入浴 ・昼食 ・運動、交流
	12:00		配食サービス	配食サービス	
午後	14:00		通院（月2回）	訪問介護 ・掃除、洗濯他	
	16:00				
	18:00				
夜間	20:00				
	22:00				
深夜	24:00				
週単位以外のサービス		◎通院　月2回（I病院リウマチ科） ◎住宅改修（段差の解消、トイレ用手すり）			

242

計画表

作成年月日	○ 年 ○ 月 ○ 日

金	土	日	主な日常生活上の活動
			起床・座薬挿入
			洗面・着替え等
			朝食
訪問介護 ・郵便局にヘル パーと行く ※体調不良時 庭外出	訪問介護 ・掃除、洗濯他		軽運動や庭で気分転換
			水分補給
配食サービス	配食サービス	★家族支援 ・食事 ・入浴 ・日用品、食料品 の買い物	昼食
			静養
			水分補給
			静養
			夕食
			就寝準備
			就寝

◎緊急通報装置(S警備会社 常時)

事例2 B助さん 中度〈要介護3〉 の場合

　脳出血を発症し、入院。左片麻痺で車いすの生活となった。退院後は、歩行訓練をして歩けるようになりたい。軽度認知症の妻と二人での生活を支えてほしい。

プロフィール >>>

名前・年齢	B助　85歳	要介護度	要介護3
家族形態	●二階建て一軒家で、軽度認知症の妻（83歳）と二人暮らし。 ●敷地内の別棟に長男（55歳）夫婦が住んでいる。長女、次女は遠方の県に嫁ぎ、年に2回顔を会わす程度。		
主な病気	高血圧、高脂血症、半年前に脳出血を発症し入院中		
生活歴	農家の長男として生まれたが、就職し公務員となる。27歳で結婚。家の農業は妻が手伝い、本人は公務員として定年まで順調に勤めた。ドライブや将棋が趣味で元気に生活を送ってきたが、半年前に脳出血で入院、そのころ妻に認知症の症状が出始め、夫婦の生活が一変した。		

>>> 健康状態、心身機能

○高血圧、高脂血症、白内障があり、半年前から脳出血で入院し、左上下肢麻痺。
○軽い嚥下障害がある。便秘があり、内服で解消している。

▶▶ 生活の活動状況

○病院のリハビリテーションの場以外では、生活は車いす。自分で洗面所やトイレに行けるが、ズボンの上げ下げなどに一部介助や見守りが必要。食事動作は自分でできるが少しむせる。入浴は病院ではリフト浴。

○家事は、入院前から妻にまかせきりだった。

▶▶ 社会とのかかわり、住環境、介護力など

○寡黙で集団行動をあまり好まない。ただし近所の将棋仲間とは親しく、家を行き来して定期的に対局していた。

○高齢だが優良ドライバーだった。良くなったら車の運転をしたいと希望しているが、妻は免許更新はしてもらいたくない。

○二階建ての一軒家は、玄関や廊下、部屋に段差があり、寝室は畳で車いすでの生活ができない。トイレも狭く車いすが入れない。

○妻は軽度だが認知症の症状が出始めている。簡単な家事はできるが、体力的にも入浴や排泄の介助には自信がない。

○同じ敷地内に住む長男夫婦は、食事をつくって運ぶことはできるが、共働きであり、日中の身体介護は無理な状況。

245

第1表   居宅サービス

利用者名　　B助　　　　　　　　　　　　　様　生年月日 昭和11年　3月31

居宅サービス計画作成者氏名　　坂上 加代子

居宅介護支援事業者・事業所名及び所在地　　○○○○○○

居宅サービス計画作成（変更）日　　○　年 ○　月 ○　日

認定日　　○　年 ○　月 ○　日　　認定の有効期間　　○　年　6　月　25　日

要介護状態区分	要介護1　・　要介護2　・ 要介護3 ・
利用者及び家族の生活に対する意向を踏まえた課題分析の結果	（ご本人）自宅で暮らせるように環境を整えた　　　　下肢の状態が良くなれば自宅で入浴 （妻）　　私ももの忘れが多くなり、できない （長男）　心配なことも多いが、家族の負担を　　　　を続けて移動能力のレベルアップが （嫁）　　朝食と夕食は私が用意して、家に届
介護認定審査会の意見及びサービスの種類の指定	なし
総合的な援助の方針	ご夫婦での暮らしが一変してしまいましたが退院前の住宅改修と福祉用具の導入により、入浴は危険が伴うのでしばらくは通所施設で ※緊急連絡先　長男携帯電話　○○○－○○
生活援助中心型の算定理由	1. 一人暮らし　　2. 家族等が障害、疾病等

居宅サービス計画について説明を受け、内容に同意し交付を受けました。	説明・同意日

計画書（1）

作成年月日	○年○月○日

（初回）・ 紹介 ・ 継続　　（認定済）・ 申請中

日　住所　○○県△△市□□町○○－○○

居宅介護支援事業所　○○県△△市□□町○○－○○

初回居宅サービス計画作成日　○年○月○日

～　○年 12 月 31 日

要介護4　・　要介護5

い。退院後もリハビリを続け歩けるようになりたい。
もできると思うが、しばらくは施設で入浴するしかない。
ことが増えてきたが、できるかぎり二人でこの家で暮らしたい。
減らしながら父が動きやすいよう自宅環境を整えたい。リハビリ
できればと思う。
けることができる。元気になってもらいたい。

以前の生活に近づくよう介護サービスを提供し支援いたします。
ご自宅で安心して暮らせる環境を整えます。
支援を受けリハビリも続行し、目標とする生活に近づけましょう。

○○－○○○○

3. その他　（　　　　　　　　　　　　　　　　　　　　　　　　　　）

○年 ○月 ○日	利用者同意欄	B 助	B助

※国の標準様式に同意欄はありません

第2表

居宅サービス

利用者名　　B助　　　　　　　　様

生活全般の解決すべき課題（ニーズ）	目標			
	長期目標	（期間）	短期目標	（期間）
左上下肢に麻痺があるが、歩けるようになりたい	歩いて庭に出られる	○年6月25日〜○年12月31日	ふらつかずに立っていられる	○年6月25日〜○年9月30日
			トイレで排泄をスムーズに行うことができる	○年6月25日〜○年9月30日
軽度嚥下障害があるが、食事をおいしく食べたい	食事をおいしく食べられる	○年6月25日〜○年12月31日	誤嚥をしないで食事ができる	○年6月25日〜○年9月30日
			便秘が解消される	○年6月25日〜○年9月30日
麻痺や肩の痛みがあるが、家で入浴できるようになりたい	見守り程度で自宅で入浴できるようになる	○年6月25日〜○年12月31日	安心して気持ちよく入浴できる	○年6月25日〜○年9月30日

※1　「保険給付対象かどうかの区分」について、保険給付対象内サービスについては○印を
※2　「当該サービス提供を行う事業者」について記入する。

計画書（2）

作成年月日	○年○月○日

援助内容					
サービス内容	※1	サービス種別	※2	頻度	期間
専門的リハビリ ● 筋力強化や外出訓練 ● 意欲を引き出す援助 ● 運動メニューの指導 ● 在宅環境訪問指導	○	通所リハビリテーション （個別リハ）	介護老人保健施設A	週3回	○年 6月25日 〜 ○年 9月30日
4点杖の活用	○	福祉用具貸与	K福祉用具店	6月〜	
トイレで排泄動作訓練、動作見守り	○	通所リハビリテーション	介護老人保健施設A	週3回	○年 6月25日 〜 ○年 9月30日
自宅トイレ訓練見守り、転倒予防		家族	妻	随時	
夜間の排泄支援 ● 温水シャワー付きPtイレの購入	○	特定福祉用具販売	K福祉用具店		
言語聴覚療法による嚥下機能の改善	○	訪問看護	B訪問事業者	週1回	○年 6月25日 〜 ○年 9月30日
食べやすい食事等提供 （軟飯、副菜刻み、トロミ） 口腔ケア	○	通所リハビリテーション	介護老人保健施設A	週3回	
食事の提供、 便秘をしない食事内容のくふう		家族（朝・夕）	嫁	毎日（朝・夕）	○年 6月25日 〜 ○年 9月30日
		配食サービス（昼）	宅配業者	週4回（12時）	
3食しっかり食べる 快便のための内服		本人	本人		
バイタルチェックや水分補給 入浴介助、清潔ケア 一連動作自立訓練 ※左腕肩の痛み注意	○	通所リハビリテーション （リフト浴〜）	介護老人保健施設A	週3回	○年 6月25日 〜 ○年 9月30日

付す。

第2表

居宅サービス

利用者名　　　B助　　　　　　　　　　様

生活全般の解決すべき課題（ニーズ）	目標			
	長期目標	（期間）	短期目標	（期間）
脳出血の再発を予防し、趣味を楽しみながら生活がしたい	積極的に人と交流できる	○年6月25日～○年12月31日	将棋を楽しむ機会がある	○年6月25日～○年9月30日
	健康を維持できる	○年6月25日～○年12月31日	脳出血の再発を予防できる	○年6月25日～○年9月30日
動作が緩慢だが、転倒しないで暮らしたい	転倒のリスクを減らして安全に暮らせる	○年6月25日～○年12月31日	起居動作や移動が楽にでき、日中は自宅で快適に過ごせる	○年6月25日～○年9月30日
			昼夜の転倒を予防する	○年6月25日～○年9月30日
妻が旅行などで不在時は安心して過ごせる場所がほしい	夫婦ともストレス解消しながら楽しく暮らせる	○年6月25日～○年12月31日	安心して施設に宿泊できる	○年6月25日～○年9月30日

※1　「保険給付対象かどうかの区分」について、保険給付対象内サービスについては○印を
※2　「当該サービス提供を行う事業者」について記入する。

計画書（2）

作成年月日	○年○月○日

援助内容				
サービス内容	※1	サービス種別	※2	頻度	期間
趣味の仲間をつくる　施設の行事に参加	○	通所リハビリテーション	介護老人保健施設A	週3回	○年6月25日～○年9月30日
近隣者と将棋を楽しむ		本人、近隣の友人	本人、近隣の友人	適宜	
疾病管理と生活指導		主治医	N病院	月2回	○年6月25日～○年9月30日
通院付き添いや受診補助		家族	妻	適宜	
医師の指示で服薬		本人	本人	毎日	
服薬の補助		家族	妻		
服薬状況の見守り		家族	嫁		
ギャッチベッドでの起居補助車いすで自立移動昇降座いすで立ち上がりを補助（居間）玄関に外出用スロープ外用車いすで散歩等	○	福祉用具貸与	K福祉用具店	6月～（毎月）	○年6月25日～○年9月30日
夜間は温水シャワー付きPトイレを使用、転倒防止、排泄支援	○	特定福祉用具販売	K福祉用具店	退院直前	○年6月25日～○年9月30日
転倒回避への夜間の見守り		家族	妻	随時	
介護者不在時のショートステイの提供療養介護で自立支援	○	短期入所療養介護	介護老人保健施設C	事前予約	○年6月25日～○年9月30日

付す。

第3表	利用者名 ：	B助 様		週間サービス

		月	火	水	木
深夜	0:00				
	2:00				
	4:00				
早朝	6:00				
	8:00	朝食用意（嫁が届ける）			
午前	10:00	通所リハビリ ・送迎 ・健康チェック ・PT・OTリハビリ ・入浴 ・昼食 ・静養 ・レク ・交流	自宅でリハビリ （妻が見守り）	通所リハビリ ・送迎 ・健康チェック ・PT・OTリハビリ ・入浴 ・昼食 ・静養 ・レク ・交流	自宅でリハビリ （妻が見守り）
	12:00		宅配弁当（自費）		宅配弁当（自費）
午後	14:00				訪問看護（ST）
	16:00		足浴・清拭（妻）		足浴・清拭（妻）
夜間	18:00	夕食用意（嫁が届ける）			
	20:00				
	22:00				
深夜	24:00				

週単位以外 のサービス	◎住宅改修済み【トイレの改修（段差解消・ドアを引き戸に）・ ◎特定福祉用具販売【温水シャワー付きPトイレ】 ◎ショートステイ（必要時）　◎通院　月2回（N病院）

計画表

	作成年月日	○ 年 ○ 月 ○ 日

金	土	日	主な日常生活上の活動
			起床、洗面、着替え
朝食用意（嫁が届ける）			朝食、内服
			新聞を読む、株価の確認
通院 （妻が付き添い） （月2回）	通所リハビリ ・送迎 ・健康チェック ・PT・OTリハビリ ・入浴 ・昼食 ・静養 ・レク ・交流	自宅でリハビリ （妻が見守り）	
			自宅で運動（毎日）
宅配弁当（自費）		宅配弁当（自費）	昼食（配食自費）
			静養
		足浴・清拭（妻）	おやつ、水分補給、娯楽
夕食用意（嫁が届ける）			夕食、内服、着替え
			就寝準備
			就寝

手すり取り付け【廊下に手すり取り付け】【廊下、部屋の段差解消】
◎福祉用具貸与【ギャッチベッド一式、昇降座いす、車いす、スロープ、4点杖】
◎将棋仲間の訪問（不定期）

事例3 C子さん 重度〈要介護5〉 の場合

　夫婦二人、家で一緒に過ごせることがいちばん。介護保険などを利用しながら、これからもできるだけ、自宅で妻の介護を続けていきたい。

プロフィール

名前・年齢	C子　87歳	要介護度	要介護5
家族形態	●集合住宅に夫（87歳）と二人暮らし。 ●隣の県に、長男家族、次男家族が住んでいる。 ●介護は高齢の夫がほとんど行っている。		
主な病気	脳アミロイド血管症、左片麻痺、左側空間失認、失語症、認知症。2年前、胃ろう交換時に腹膜炎を起こして入院、1年前、誤嚥性肺炎を起こし入院。現在は自宅療養		
生活歴	農家の長女として生まれる。高校卒業後上京し、工場勤務。そこで同じ職場の夫と知り合い、20代前半で結婚、息子2人をもうけ、以降は専業主婦。子どもが独立後は、年に2回は夫婦で旅行に行っていた。5年前に脳出血を起こし、その後、再発を3回繰り返した。現在も、いつ再発が起きてもおかしくない状態となっている。		

>>> 健康状態、心身機能

○脳出血を発症後、3か月連続で脳出血が再発。脳アミロイド血管症と診断される。脳出血の後遺症で、失語症。

○膀胱留置カテーテル、PEG（内視鏡的胃ろう造設術）を行っている。

○自力では寝返りができない。3年前に臀部に褥瘡ができた。完治したが、発赤（褥瘡の初期）が出やすく、注意が必要。

○左片麻痺、左側空間失認があるが、目の動きとうなずきで意思疎通を図る。

○障害高齢者の日常生活自立度 C2、認知症高齢者の日常生活自立度Ⅳ。障害者手帳保有。

≫ 生活の活動状況

○1日中ベッドで過ごす。移動は介助により車いすで行う。

○移乗や排泄、入浴、整容は全介助。

○排尿は、膀胱留置カテーテル、排便はおむつにより行う。

○食事は、胃ろうでの経管栄養を行っている。栄養補給は夫が行っている。

≫ 社会とのかかわり、その他

○胃ろう交換のための通院以外は、外出することはない。通院時には、福祉タクシーを利用する。

○介護保険サービスでは、区分支給限度基準額内で十分なサービスを利用することができないため、自立支援給付（障害者総合支援法）により、居宅介護（ホームヘルプ）を併用している。※

※介護保険と重なるサービスについての、障害者施策との併用は、市町村が必要と認める場合に行われます。

第1表 　　　　　　　　　　　　　　　　　　　　　　　　居宅サービス

利用者名　　C子　　　　　　　　　　　　　　　様　生年月日 昭和 9 年 3 月 30

居宅サービス計画作成者氏名　　五橋 正和

居宅介護支援事業者・事業所名及び所在地　　○○○○○○

居宅サービス計画作成（変更）日　　○　年○　月○　日

認定日　○　年○　月○　日　　認定の有効期間　　○　年 5 月 1 日

要介護状態区分	要介護 1 ・ 要介護 2 ・ 要介護 3 ・
利用者及び家族の生活に対する意向を踏まえた課題分析の結果	（ご本人）家で過ごしたい（夫代弁）。 （夫）　　家で一緒に過ごせることがいちば 　　　　ててほしい。
介護認定審査会の意見及びサービスの種類の指定	有効期間は 24 か月とする。
総合的な援助の方針	・できるかぎり、奥様が在宅での生活を継続 ・訪問診療、訪問看護の利用など医療と連携 　合は、早期発見して対処します。 ・おむつ交換や身体衛生管理など、ご主人と 　属品を貸与します。 ・床ずれ予防のため、床ずれ予防マット、移 　ます。 ・訪問介護では障害者総合支援法の自立支援 ・緊急で訪問看護を呼ぶ場合など自己負担の 　もってご報告をするようにします。 ※緊急連絡先　長男携帯電話　○○○-○○ ※担当医　K 診療所　○○先生　○○-○○
生活援助中心型の算定理由	1. 一人暮らし　　2. 家族等が障害、疾病等

居宅サービス計画について説明を受け、内容に同意し交付を受けました。	説明・同意日

計画書（1）

| 作成年月日 | ○年○月○日 |

初回 ・ 紹介 ・ (継続) （認定済） ・ 申請中

日　住所　○○県△△市□□町○○－○○

居宅介護支援事業所　○○県△△市□□町○○－○○

初回居宅サービス計画作成日　○ 年 ○ 月 ○ 日

～　　○年　4　月　30　日

要介護4　（要介護5）

ん。現在のケアプランで安定しているので、継続してプランを立

できるよう支援していきます。
をとり、床ずれや胃ろう、膀胱留置カテーテルに異常があった場

ともに行いながら、介護の負担を軽減できるよう特殊寝台及び付

動手段として車いすを貸与し、福祉タクシーなどの手配をいたし

給付を併用し、生活を支えます。
可能性も出てきます。給付管理を徹底し、ご負担が出る場合は前

○○-○○○○　　次男携帯電話○○○-○○○○-○○○○
○○-○○○○

| 3. その他（ | ） |

| ○年○月○日 | 利用者同意欄 | C子 | (C子) |

※国の標準様式に同意欄はありません

第2表

居宅サービス

利用者名 　C子　　　　　　　様

生活全般の解決すべき課題(ニーズ)	目標			
	長期目標	(期間)	短期目標	(期間)
健康管理をして在宅で安心して暮らしたい	末永く自宅で夫と一緒に過ごせる	○年5月1日〜○年4月30日	在宅での健康管理ができる	○年5月1日〜○年11月30日
床ずれの予防をしたい	床ずれを予防する	○年5月1日〜○年4月30日	体圧分散をして一点に集中しないようにする	○年5月1日〜○年11月30日
			栄養状態を確保できる	○年5月1日〜○年11月30日

※1 「保険給付対象かどうかの区分」について、保険給付対象内サービスについては○印を
※2 「当該サービス提供を行う事業者」について記入する。

計画書（2）

作成年月日	○年○月○日

援助内容					
サービス内容	※1	サービス種別	※2	頻度	期間
健康状態のチェック、薬の処方 家族への医療的アドバイス	○	居宅療養管理指導	K診療所	月2回	○年 5月1日 ～ ○年 11月30日
医師と連携し胃ろうの管理、摘便、排便コントロール、血圧、体温測定を行う 足浴を行う	○	訪問看護 (緊急時訪問看護加算I、特別管理加算)	K訪問看護ステーション	週3回	
通院手段として福祉タクシーを利用		福祉タクシー (介護保険外)	S緊急福祉タクシー	胃ろう交換時	
ひじ掛け跳ね上げ、取りはずせるフットレストつき車いすで移動 移乗時の体圧分散	○	福祉用具貸与	T福祉用具サービス	毎日	
床ずれ防止用具の貸与	○	福祉用具貸与	T福祉用具サービス	毎日	○年 5月1日 ～ ○年 11月30日
胃ろうへの栄養補給の定期的な実施		家族	夫	日3回	○年 5月1日 ～ ○年 11月30日

付す。

第2表

居宅サービス

利用者名 　C子　　　　　　　　様

生活全般の解決すべき課題(ニーズ)	目標			
	長期目標	(期間)	短期目標	(期間)
排泄や陰部の衛生を保ちたい。入浴やおむつ交換などの介助を手伝ってもらいたい	感染症の予防ができる	○年5月1日〜○年4月30日	陰部や体の衛生を保つことができる	○年5月1日〜○年11月30日
			温浴効果で血流を促し身体の衛生保持ができる	○年5月1日〜○年11月30日
	介護者の腰痛悪化を軽減し、長きにわたり介助ができる	○年5月1日〜○年4月30日	介助を容易にして介助者の身体的負担を軽減する	○年5月1日〜○年11月30日
拘縮予防をして、手足の動きを維持したい	拘縮の予防をし、身体機能が維持できる	○年5月1日〜○年4月30日	マッサージで上肢下肢を動かし、可動域を確保する	○年5月1日〜○年11月30日

※1 「保険給付対象かどうかの区分」について、保険給付対象内サービスについては○印を
※2 「当該サービス提供を行う事業者」について記入する。

計画書（2）

作成年月日	○年○月○日

<table>
<tr><th colspan="6">援助内容</th></tr>
<tr><th>サービス内容</th><th>※1</th><th>サービス種別</th><th>※2</th><th>頻度</th><th>期間</th></tr>
<tr><td>①おむつ交換、陰部清拭、整容の介助、口腔ケア
②理容、通院などのとき、夫と一緒にベッドから車いすへの移乗介助を行う</td><td>○</td><td>訪問介護</td><td>A株式会社介護事業部</td><td>①週8回
※単位超過の場合は自立支援給付で16時間
②適宜</td><td>○年5月1日～○年11月30日</td></tr>
<tr><td>おむつ交換、陰部清拭、整容の介助、口腔ケア</td><td>○</td><td>訪問介護</td><td>Nホームヘルプ</td><td>週9回</td><td></td></tr>
<tr><td>訪問入浴を行う
※入浴時に身体観察を行い、皮膚疾患などあった場合はケアマネジャーに報告</td><td>○</td><td>訪問入浴介護</td><td>A株式会社介護事業部</td><td>週1回</td><td>○年5月1日～○年11月30日</td></tr>
<tr><td>特殊寝台、特殊寝台付属品（サイドレール）を貸与</td><td>○</td><td>福祉用具貸与</td><td>T福祉用具サービス</td><td>毎日</td><td>○年5月1日～○年11月30日</td></tr>
<tr><td>自宅でマッサージを行う</td><td></td><td>訪問マッサージ</td><td>M営業所</td><td>週2回</td><td>○年5月1日～○年11月30日</td></tr>
</table>

付す。

第3表		利用者名 : C子 様		週間サービス	
		月	火	水	木
深夜	0:00				
	2:00				
	4:00				
早朝	6:00				
	8:00				
午前	10:00	訪問看護	身体介護 訪問マッサージ	訪問看護	身体介護 訪問マッサージ
	12:00				
午後	14:00	身体介護	身体介護	身体介護	身体介護
	16:00				
	18:00	身体介護	身体介護	身体介護	身体介護
夜間	20:00				
	22:00				
深夜	24:00				

週単位以外 のサービス	◎居宅療養管理指導　隔週火曜日（K診療所） ◎福祉用具貸与【車いす、車いす付属品、特殊寝台、特殊寝台付 ◎14:00台と17:00台のA株式会社介護事業部の訪問介護（身体

計画表

	作成年月日	○ 年 ○ 月 ○ 日

金	土	日	主な日常生活上の活動
			胃ろう栄養、水分補給
			おむつ交換、陰部清拭
訪問看護	身体介護		
		身体介護	胃ろう栄養、水分補給
	身体介護		おむつ交換、陰部清拭
		身体介護	
訪問入浴介護			
身体介護	身体介護	身体介護	おむつ交換、陰部清拭
			胃ろう栄養、水分補給

属品、床ずれ防止用具】
介護)の限度額超過分は自立支援給付に変更(月16時間まで)。

⟫⟫ 障害高齢者の日常生活自立度

何らかの障害等を有するが、**日常生活はほぼ自立**しており、**独力で外出**する

J-1 交通機関等を利用して外出する（バスや電車などの交通機関を利用して積極的に、かなり遠方へも外出できる）
J-2 隣近所へなら外出する（買い物や老人会への参加など、町内の距離程度ならば独力で外出できる）

準寝たきり

屋内での生活は概ね自立しているが、
介助なしには外出しない

A-1 介助により外出し、日中はほとんどベッドから離れて生活する
（寝たり起きたりの生活だが、日中は、食事や排泄、着替え時を含め、ベッドから離れている時間が長い。介護者がいれば比較的多く外出する）
A-2 外出の頻度が少なく、日中も寝たり起きたりの生活をしている
（日中、寝たり起きたりの状態ではあるものの、ベッドから離れている時間のほうが長い。介護者がいても外出するのはまれである）

寝たきり

屋内での生活は何らかの介助を要する。
日中もベッド上での生活が主体であるが、**座位を保つ**

B-1 車いすに移乗し、食事、排泄はベッドから離れて行う（座位保持は自力で行う）
B-2 介助により車いすに移乗する（食事または排泄に関しても介助が必要。座位保持にも介助を要する）

寝たきり

1日中ベッド上で過ごす。
排泄、食事、着替えに介助が必要

C-1 自力で寝返りをうつ
C-2 自力では寝返りもうてない

≫ 訪問看護で医療保険からの給付となる疾病
[平成27年3月27日厚生労働省告示第94号など]

（下線部は「難病の患者に対する医療等に関する法律」に基づく指定難病の対象）

- 末期の悪性腫瘍
- 多発性硬化症
- 重症筋無力症
- スモン
- 筋萎縮性側索硬化症
- 脊髄小脳変性症
- ハンチントン病
- パーキンソン病関連疾患
  （進行性核上性麻痺、大脳皮質基底核変性症及びパーキンソン病＊）
- 多系統萎縮症
  （線条体黒質変性症、オリーブ橋小脳萎縮症及びシャイ・ドレーガー症候群）
- プリオン病
- 亜急性硬化性全脳炎
- ライソゾーム病
- 副腎白質ジストロフィー
- 脊髄性筋萎縮症
- 球脊髄性筋萎縮症
- 慢性炎症性脱髄性多発神経炎
- 進行性筋ジストロフィー症
- 後天性免疫不全症候群
- 頸髄損傷及び人工呼吸器を使用している状態

＊ホーエン・ヤールの重症度分類がステージ3以上であって生活機能障害度がⅡ度又はⅢ度のものに限る

≫≫ 認知症高齢者の日常生活自立度

ほぼ自立。日常生活に必要な意思の疎通はできる

ランク **I**

在宅生活が基本であり、一人暮らしも可能。相談や指導などを実施し、症状の改善や進行の阻止を図る

何らかの認知症を有するが、日常生活は**家庭内及び社会的にほぼ自立している**

具体的なサービスの例 家族等への指導を含む訪問指導や健康相談。本人の友人づくり、生きがいづくりなど心身の活動の機会づくりにも留意する

IADL が低下。誰かの注意が必要

日常生活に支障をきたすような症状・行動や意思疎通の困難さが多少みられても、**誰かが注意していれば自立できる**

在宅生活が基本であるが、一人暮らしは困難な場合もある。訪問指導の実施や、日中の在宅サービスの利用により、在宅生活の支援と症状の改善や進行の阻止を図る

家庭外で右記の状態がみられる

ランク **IIa**

たびたび道に迷ったり、買い物や事務、金銭管理などそれまでできたことにミスが目立つなど

家庭内でも右記の状態がみられる

ランク **IIb**

服薬管理ができない、電話や訪問者への対応など1人で留守番ができないなど

具体的なサービスの例 訪問指導による療養方法等の指導や、訪問リハビリテーションやデイケア等を利用したリハビリテーション、デイサービス、日常生活支援のためのホームヘルプサービスなど

ADL が低下。ときどき介護が必要

日常生活に支障をきたすような症状・行動や意思疎通の困難さがときどきみられ、**介護を必要とする**

症状・行動や意思疎通の困難さがランクⅡより重度となり、介護が必要な状態。在宅生活が基本だが、一人暮らしは困難なので、訪問指導や、夜間の利用も含めた在宅サービスなどを組み合わせて、在宅での対応を図る

日中を中心として右記の状態がみられる

ランク **Ⅲa**

夜間を中心として右記の状態がみられる

ランク **Ⅲb**

着替え、食事、排便・排尿がうまくできない、時間がかかる。やたらに物を口に入れる、物を拾い集める、徘徊、失禁、大声・奇声を上げる、火の不始末、不潔行為、性的異常行為など

具体的なサービスの例 訪問指導や訪問看護、訪問リハビリテーション、ホームヘルプサービス、デイケア、デイサービス、症状・行動が出現する時間帯を考慮したナイトケア等を含むショートステイなど

常に介護が必要

ランク **Ⅳ**

ランクⅢの状態が頻繁になり、常に介護が必要

具体的なサービスの例 家族の介護力などを考慮し、在宅サービスか施設サービスを利用するかを選択

日常生活に必要な意思の疎通がほぼできない

ランク **M**

著しい精神症状や周辺症状あるいは重篤な身体疾患がみられ、専門医療が必要な状態

状態・疾患・サービス別 第2表文例 INDEX

ま

や

正誤等の情報につきましては、下記「ユーキャンの本」ウェブサイトでご覧いただけます。
https://www.u-can.co.jp/book/information

執 筆 協 力	株式会社 東京コア
装　　　　丁	林偉志夫（IH_Design）
本 文 デ ザ イ ン	次葉
イ ラ ス ト	寺崎愛
編 集 協 力	太田瑞穂・早坂美佐緒（株式会社 東京コア）
企 画 編 集	大塚雅子（株式会社 ユーキャン）

そのまま使える！
ケアプランの書き方＆文例

2021年7月19日　初　版　第1刷発行

監修者	白井幸久
編 　者	ユーキャン介護職のためのケアプラン研究会
発行者	品川泰一
発行所	株式会社 ユーキャン 学び出版
	〒151-0053 東京都渋谷区代々木1-11-1
	Tel 03-3378-2226
編 　集	株式会社 東京コア
発売元	株式会社 自由国民社
	〒171-0033 東京都豊島区高田3-10-11
	Tel 03-6233-0781（営業部）

印刷・製本　シナノ書籍印刷株式会社